イスラムの怒り

内藤正典
Naito Masanori

a pilot of wisdom

目次

序章　ジダンは何に激怒したのか

二〇〇六年、サッカー、ワールドカップドイツ大会の決勝戦で、フランス代表チームのジネディーヌ・ジダンが、試合終了の直前、イタリアチームのマルコ・マテラッツィに、衝撃的な頭突きを喰《く》らわせて退場となり、フランスはイタリアに敗れた。

ジダンはこの試合を最後に引退することを表明していたが、世界的なスタープレーヤーが、輝かしいサッカー人生の最後を「頭突き」で終わらせたことに、世界は驚いた。

「なぜ?」、世界じゅうがジダンのとった行動のわけを知りたがった。各国のメディアは読唇術まで動員して、マテラッツィが直前にジダンに向かって発した言葉を読み取ろうとした。フランスでは、人権団体が、人種差別的な発言があったのではないかと問題にした。

テロリスト呼ばわりされた、妻を侮辱された、母を侮辱された……、さまざまな憶測が飛び交うなか、ジダンは沈黙を続ける。ここで重要なのは、この「沈黙の意味」である。マテラッツィは、人種差別と母親への侮辱を否定したが、ジダンは、マテラッツィ発言の中身を明らかにしなかった。

だが、ジダンが何も語らなくても、何を言われたのかを理解した人々がいる。世界じゅうのムスリムである。ムスリムとは、イスラムを信仰し、その教えを実践する人、つまりイスラム教徒のことである。彼らは、ジダンが何を言われて、瞬間的に暴発したのかを理解していた。

人種差別ではない

私も、この事件をテレビで見ていたのだが、人種差別的な発言や、テロリスト呼ばわりされたためではない、と直感した。ジダンは、アルジェリアからの移民の家族に生まれた二世である。報道を見た限りでは、宗教色の濃い家庭に育ったようには思えないし、彼自身も宗教を表に出すようなことをしていない。それでも、彼の人生観や価値観の底流には、イスラム的な倫理観があるように思える。

ジダンもそうだが、フランスに暮らしてきた移民たちは、人種差別や民族差別発言には日ごろから慣れている。いちいち頭突きを喰らわせていたのでは、選手生命がもたないだろう。かつてフランスチームが不甲斐《ふがい》ない成績に終わったとき、フランスの極右政治家ジャン＝マリー・ルペンは、チームのなかの移民出身の選手を指して「ラ・マルセイエーズ(国歌)もフランス語で歌えない連中」と罵《ののし》ったという。

あからさまな人種・民族差別発言だが、フランスではよくあることで、差別発言に激怒するくらいなら、ジダンもとっくに選手をやめていただろう。フランスという国は、表向きは、「自由、平等、博愛」をうたい文句にしてきたが、外国人、とりわけ旧植民地のアルジェリアやモロッコ出身者に対する差別がなくなったわけではない。もちろん、こういう発言に対しては、左派勢力が必ず激しく反発してきた。だが、それでも移民に対する差別が消えたことはない。

二〇〇五年にフランス各地で起きた移民の若者たちによる暴動の背景には、中東やアフリカ出身の移民に対する差別があった。同じ年にロンドンで起きた同時テロ事件の背景にも、パキスタン系移民に対する差別があったとも言われている。現在、世界が直面しているテロの脅威は、人種や民族差別に原因の一つがあることは確かだ。

しかし、ジダンが暴発したのは、民族差別発言ではない。彼は、フランスのみならず、世界のヒーローである。しかも、貧しい移民のファミリーから、努力してスターになったサクセスストーリーの主人公だ。もし、マテラッツィがジダンに浴びせた言葉が、人種や民族に関する差別だったならば、ジダン一人が背負う理由がない。もしそうなら、マテラッツィはもっと重い処分を受けただろうし、一挙に政治問題になったはずである。

当初、テロリスト呼ばわりされたのではないか、という憶測も欧米のメディアを賑《にぎ》わせたが、見当違いである。これは、ジダンの家系がアルジェリア出身のムスリムであることからきている。彼の家族の母国アルジェリアでは、一九九〇年代を通じて、イスラム過激派による激しいテロの応酬が内戦状態にまで悪化し、おびただしい人命が奪われた。九・一一以降は、ヨーロッパでもイスラム過激派によるテロが起き、ムスリム移民に対する不満は高まっていた。

だが、テロリスト呼ばわりもまた、ヨーロッパのムスリム移民たちにとって日常的なものであり、そんなことぐらいで、いちいち人生をふいにしていられない。

ベルリンでもパリでも、電車のなかで、顎鬚《あごひげ》をたくわえたムスリム移民や、スカーフで頭髪を覆ったムスリム女性に対して、聞こえよがしにテロリスト呼ばわりすることなど珍しくなかった。八〇年代から、移民に対する暴言は日常的にあったが、たいていは「人種」や「民族」に対するものだった。九・一一以降になるとムスリムたちは、ふつうの市民からも道を歩いていて、すれ違いざまに「テロリスト」「イスラム教徒なんて、出ていってほしい」と言われるようになった。暴言は、移民たちの「宗教」に向けられるようになったのである。

それを言ったらおしまい

移民に対する差別は日常化していた。皮肉なことだが、それゆえ、マテラッツィの発言は、こういう「ありふれた暴言」ではなくきわめて個人的にジダンの名誉を傷つけるものだと推測できる。では、最大の舞台でサッカー人生の最後を汚すほどの暴力に訴える侮辱とはなんであるのか。選手である以上、乱暴なプレイを罵りあうことなど珍しくもないから、本人に関わることではありえない。

考えられるのは、母親、姉妹、妻などの女性親族に対する侮辱、それも、性的な意味合いを含んだ侮辱しかない。その種の侮辱に激怒し、暴力も辞さないのは、ムスリムに共通の反応なのである。

欧米では、「この売女《ばいた》」などというひどく女性差別的せりふが、古い映画にはよく登場するが、もしマテラッツィが「おまえの母親は娼婦《しょうふ》」などと口走っていたら、彼はいまごろ生きていない。母親への侮辱ではないとマテラッツィ自身も言っている。相手の妻を侮辱するというのは、もっとも危険で、この場合もマテラッツィは命の危険にさらされる。

ジダンには姉がいる。姉に対するものでも、同じような発言であれば、ただでは済まない。「おまえの姉さん、いい身体してるよな」「一度姉さんを紹介しろよ」というたぐいのことを執拗《しつよう》に口にしたのだろう。ムスリム的に考えると、この種の発言は確実に暴力を誘発する。親族女性の身体的な特徴や印象、たとえばセクシーとか胸が大きいというようなことをムスリムに言った場合、確実にひどい不快感を与える。侮辱する気がなくても、自分の女性親族に対する性的な発言は家族として守るべき名誉をひどく傷つけられたように感じるのである。そして性的な侮辱に対する反応は、瞬間的に暴力的なものになる。

西欧の人々にとって、性的な罵り言葉など、ごくありふれたもので、暴力的な反応をしていたらきりがない。マテラッツィ本人が、あとで「あんなことぐらいで……」と言っていたのは、性的な嘲《あざけ》りや罵りなど、ヨーロッパ社会では日常茶飯の言動だからである。

しかし、ムスリムはそういかない。本人の生活がイスラムの教えに従っていなかったとしても、人前で性的な言葉を口走ることはない。性的な侮辱で他人を罵ることもできない。それをやったら刃傷沙汰《にんじょうざた》は避けられないからである。仲間内で、猥談《わいだん》をしないというのではない。男どうしでも女どうしでも、その種の話は、いくらでもしている。けれども、相手を罵るときに使ったらアウトである。おしゃべりしている当事者の女性親族に直接言及することもきわめて危険である。

なぜ、ムスリムが、性的侮辱に対して暴力的反応に出るのかと問うても、彼らは、家族の絆《きずな》がかけがえのないものであり、それを侮辱されることに耐えられないとしか答えない。その程度のことで暴力に訴えるのは行き過ぎだと非ムスリムは考えるが、それを言ってもムスリムには通用しない。

私たちが知っておくべきは、彼らの規範には私たちとは異なる、越えてはならない一線があるということである。

世界のムスリムは、九・一一以来、幾度となく、「あなたの宗教は暴力を肯定するのか？」という質問を浴びてきた。そして、彼らは必ず否定してきた。イスラムは平和を愛する宗教である、イスラムは暴力を肯定しない。この主張を私たちは繰り返し聞いてきた。

だが、彼らの答えに、非ムスリムは納得できない。なぜテロのような暴力的行動を起こすのかを、きっちり説明してくれ、となって議論は堂々巡りしてしまう。

ムスリムの主張と、彼らが実際に起こす行動との矛盾は、いったいどうやって説明すればいいのだろう。この矛盾こそ、九・一一以来、私たちを悩ませてきた重大な問題である。ジダンの頭突き事件は、この問いに、一つの答えを与えている。

ジダンは、後日、テレビ番組でのインタビューで、頭突きの原因となったマテラッツィの発言が、「きわめて個人的なもの」で、「女性親族（後にマテラッツィ側は姉だと述べた）への侮辱」だったことを認めた。

マテラッツィが執拗に挑発的な発言を繰り返したため、ジダンは後ろを振り向き、マテラッツィに向かって頭突きを喰らわせた。彼のように宗教を表に出さない人であっても、踏み越えてはならない一線を越えられた場合、相手に対して、突発的な暴力で応ずることを事件は示した。

実は、同じような事件を日本人も以前に目撃している。一〇年ほど前、テレビ番組の収録のためにトルコを訪れた日本の芸能人が、パフォーマンスのなかで全裸になった。下着一枚身に着けているかぎりは、笑いながら見ていた観衆は、彼が全裸になった瞬間、激怒して襲いかかった。

警備していた警察官が観衆と芸能人とのあいだに割って入り、彼を救出したが、警察がいなければどうなっていたかわからない。事件は、格好の芸能ニュースとしてワイドショーを賑わせた。本人は難を逃れたから、ワイドショーに登場したコメンテーターたちは、口々に「日本人の恥」と非難した。この感覚には、私は正直なところ、ほっとした。

だが、もし、彼が殺されていたらどうだったろうか。「何も、そのくらいのことで殺さなくてもいいじゃないか」「イスラムは恐い。怒らせると何をしでかすかわからない」という話に発展していたのではなかろうか。

この場合、性器を人前で露出するという行為が、人間としての最低限のルールを守らないものであるため、瞬時に、多くの観衆の激怒を招いている。衆人環視のもとで、人間としてあるまじき行為に出た場合、激怒は暴力となって表れる。

ムスリムにとって、人間としてあるまじき行為かどうかを決めているのは、人間がつくった法律ではない。唯一絶対、全能の神が人間に下した教え（啓示）なのである。啓示は、預言者ムハンマドに下された。そのムハンマドの口をついて迸《ほとばし》り出た神の教えを記した書物が聖典コーランである。他人の前で性器を露出してはならないということも、コーランに記されている。

見ていた人たちは、別に過激な人ではない。ふつうの市民だった。だが、ムスリムである。突然、眼の前で、神が禁じた行為が行われたことに対して暴力的な反応に出ることを抑制できなかった。

この芸能人も、下着一枚で止めておけばよかった。布切れ一枚とはいえ、それを脱がなければ暴力にはいたらなかった。下着一枚、あるかないかで、瞬間的に天国と地獄ほど違う反応を招いたのだ。日本人としては、全裸も猥褻《わいせつ》だが下着姿も猥褻だろう、と解釈するかもしれない。しかし、ムスリムにとっては、性器そのものを表に出したか、出さなかったかは、人間として許容されるか否かの分岐点なのである。

この醜態は、トルコだけでなく他の国でも放送されてしまった。ニュース映像として世界各国に流れてしまったのである。では、世界各地のムスリムが、日本に対して抗議行動を起こしたか？　実は、何も起きなかった。ふつうの日本人と同じように、「バカなことを……」という印象だけで終わっている。

当時のトルコ政府の首相秘書官から私あてに、事件を大々的に伝えるトルコの新聞が二メートル以上、長々とロール紙のファックスで送られてきた。秘書官の手紙には、「なんということをしてくれたのだ。君も知っているとおり、トルコ人は好きな国というと一番に日本を挙げるくらい親日的だ。日本人が、こんな人間にあるまじきことをしたことで、日本への敬愛の情がこわれてしまうのは政府として忍びがたい」とあった。別に、日本人を非難しようとして私にファックスを送ったわけではない。日本人がイスラム的な規範を、こうもあっさり踏みにじったことに、気が動転してしまったのである。

結局、この場面を眼の前にした観衆は激怒しても、直接、眼にしなかった人は騒がなかった。私たちが気をつけなければならないのは、この点である。イスラムの教えに反した行為が、どこかで行われたからといって、即座に世界じゅうのムスリムが暴力的な反応を示すわけではない。

「イスラム＝すぐカッとなる＝何をしでかすかわからない」という図式的な理解では、イスラムにおける怒りの構造を誤解してしまう。しかし、彼らの目前で、「越えてはならない一線」が踏み越えられると、暴力を誘発する。

秘めごと、しかし快楽

ジダンの頭突きにしても、日本人は「ひどいことを言われたのだろう」と想像はできるものの、あの舞台、あの場面で、自分のサッカー人生の最後を汚してまで、暴力で報いる理由があるとは理解しにくい。

だが多くのムスリムは、「暴力で応じる理由がある」と考えた。別の言い方をすれば、ムスリムという人々は、「自分の命を捨てても守らなければならない何か」を、イスラム生誕以来、一四〇〇年にわたって、きっちり守っているのである。

具体的なマテラッツィの発言内容をジダンは明かさなかったが、それは、彼自身には口にできない内容だったからである。ここで、知っておかなければならないのは、西欧諸国では、ありきたりの性的な発言であっても、ムスリムには人間性のかけらもない言葉と受け止められるという事実である。

アメリカ映画でも、フランス映画でもイタリア映画でも、せりふを聞いていると、言葉に性的な表現がいくらでも出てくる。ファッキング、ファック・ユー、マザー・ファッカー、あるいは行為の最中に感極まって「ジーザス」や「ゴッド」と叫んだりもする。神を恐れぬ表現である。

いずれも欧米ではおなじみの表現だが、イスラム圏では絶対に直訳できないし、第一、そのような言葉を口にできない。ムスリムが多数を占めるアラビア語、トルコ語、ペルシャ語のような言葉に翻訳することは、想像さえできない。

日本でも、考えてみれば、こうした言葉は直訳しない。同じような文脈で別の表現に移し変えている。場面によって、「なんてこった」になったり「もうダメ」と訳したりしているだろう。日本でも、こんなところで「神」を持ち出すのは憚《はばか》られる。ムスリムにとって、他人を面罵《めんば》するときに、この種の表現を使うことは、それこそ人間としてありえない。だからアメリカやヨーロッパでは、暴力沙汰にならなくても、イスラム社会ではなりうるのである。

欧米の敬虔なキリスト教徒も、こんな表現には嫌悪を感じているはずである。欧米では、どうして、こんな罰当たりな言葉を口にできるのだろう。

近代以降、西欧社会には、宗教から離れることで人間が進歩するという観念が育った。それとともに神まで、罵り言葉や、不適切な場面で使われるようになった。神や信仰から離れることで、人間が自由になれるという考えの産物である。

しかし、ムスリムには、絶対者としての唯一神（アッラー）から離れることなど想像もつかないし、神から離れることで人間が自由になれるという発想もありえない。

イスラムというと、戒律の厳しい宗教というイメージがつきまとう。だが、意外かもしれないが、イスラムは神の定めとして快楽を認めている。食欲、金銭欲、そして性欲も認める。全能の神は、人間が欲望をもつ存在であることを前提にしている。ただし、性交渉は夫婦のあいだにかぎられ、かつ秘めておかなければいけない。金を儲《もう》けたら、儲けの一部を貧者の救済に使わなければならない。食欲も満たしていいが、やはり貧者に食べ物を施すことを、神が命じている。

子どもをつくるためなら認めてもいい、というようなセックスに対する後ろめたさはイスラムには、まったくない。セックスの快楽を隠蔽《いんぺい》したキリスト教とは、この点で大きく異なる。子どもができるかどうかは神（アッラー）が決めることで、日常での性の営みは、人間の欲望に根ざした快楽の追求として、神が許した範囲で楽しんでかまわないのである。

しかし、神は人間が欲望に負けやすいことをよく知っている。性的放縦に陥らないように、性的なことがらは夫婦間だけに限定され、家族という共同体を破壊する不倫や、婚姻外の性交渉は厳禁されるのである。

結婚前の恋人どうしなら、やっちゃったものは仕方ないということになって、罰せられるとはかぎらないが、ことがおおやけになると結婚しなければいけない。セックスまでいたらなくても、「誰と誰がつきあってる」という話が広まると、結婚せざるをえなくなることもある。

現実的にいえば、いまのイスラム世界では、イスラム法だけを法律にしているわけではないから、婚外性交渉で必ず死刑になるとはかぎらない。あくまで、イスラム法の原理原則からいえば厳罰という意味であって、国が定めた法律が、婚外性交渉を刑事罰の対象にしていなければ、罰せられることはない。

ただし、先にもふれたように、性的なことがらは、慎み深く、当事者である夫婦のあいだの秘めごととしなければならず、第三者に知らしめてはならない。イスラム圏では、カーテンを閉めずにセックスしていると、隣の住人から警察に通報されることもある。

コラム　ドバイでのイギリス人猥褻事件

二〇〇八年の夏、最近は日本でもペルシャ湾に面した中東屈指のリゾートとして有名な、中東のドバイ（アラブ首長国連邦の都市）で、一つの事件が起きた。イギリス人の男性観光客とドバイで働いていたイギリス人女性が、あるホテルで開かれていたシャンペン・パーティで知りあい、酒の勢いも手伝ってか、浜辺でセックスした（当人たちは否定）。警察は二人を連行し、公然猥褻の罪で起訴した。裁判所は、二人に禁固三か月の刑を言い渡したが、後に、判決を撤回して国外退去処分とした。

この事件、イギリスでは大きく取りあげられた。ドバイはイスラム圏にある。法律は、基本的にイスラム法が適用される。したがって、公共の場所での性行為は禁止されている。裁判では、実際に行為に及んだか否かが厳密に争われ、体液のDNA鑑定まで行われた。当人たちは、キスして抱きあっただけだと主張したのだが、検察は厳罰を要求した。

このケースも、日本の芸能人の裸パフォーマンスと似ている。ドバイの住民たちは、なんたる恥知らずと思っただろうし、検察はイスラム法に照らして厳罰に処すべきだと考えた。だが、不動産バブル、リゾート開発で外国人観光客を呼び込んでいる政府は、ことを荒立てたくないと考えたのだろう。結果として、追放だけで済ませた。

イギリスの多くの地域では、子どもの面前でないかぎり、公共の場所での愛の行為は慣習法上許されるが、イスラム圏ではそうはいかないことに気をつけろと、事件のあとBBC放送のニュースも警告していた。警官が連行したからよかったものの、多くの市民に見つかっていたら、襲われていた可能性は高い。

イスラム圏のドバイ政府側が、あえて事態を深刻化させようとはしなかった点に注目すべきである。カップルのどちらかがムスリムだったら、ことははるかに深刻だったが、二人とも外国人で異教徒だったから、仕方ないという線で落ち着いたのである。日本的な意味で大目にみてくれたわけではない。あくまで、そのときの政治的・経済的判断で決まっただけである。

危機管理の観点からいえば、イスラム圏では、ビーチだろうが、他の場所だろうが、公衆の面前で羽目を外すのは論外である。トップレスは、慎みのない女とみなされて、本人にとって身の危険がある。全裸は、先の日本の芸能人と同じことできわめて危険。そして、カップルでのいちゃつきは、ドバイの事件と同じ結果を招くことを忘れないでほしい。今回は国外退去で済んだが、今後、非ムスリムの「やりたい放題」に対して、「いい加減にしてほしい」というドバイ市民の怒りが増幅されると、日本人も含めて、厳罰が科されることは十分ありうる。

テロの予兆

ジダンの事件は、実は深刻な余波をもたらした。それは、事件から数日後、テレビのインタビューに対する彼の答えのなかにあった。Canal+《キャナルプリユス》というフランスのテレビに出演したジダンは、試合中にやってしまった頭突きという行為について謝罪した。自分を慕ってくれている子どもたちに対して、試合のなかで暴力に及んだことを謝った。真面目な表情で訥々《とつとつ》と答える姿には、私自身は好感を抱いた。

だがその直後、インタビュアーが、「では、頭突きを後悔しているのですか？」と尋ねると、ジダンは、「後悔していない」ときっぱり答えた。

「このような事件が起きると、いつでも、自分のように（暴力的に）反応した者が罰せられる。だが、悪意の挑発をした者は罰せられない。それは不公正だ。挑発した側も罰せられるべきではないか」

ジダンは、悪意の挑発をしたマテラッツィを、自らの手で罰したのである。そして、そのこと自体を後悔してはいないと断言した。司法にまかせず、「自分の手」で罰することは、イスラムが命じるジハードの考えに通じる。

ジハードを聖戦と訳すことが多いが、これは誤訳といったほうがよい。もともとは、イスラム教徒（ムスリム）一人一人が、正しい信仰実践をする努力のことを指す。ムスリムを守ること、ムスリムの共同体（家族はその根幹）を守ることにも、最大限の努力が払われる。だから、ムスリムが生命にかえても守らなければいけないと信じているものが、汚されたり、傷つけられたりすると、努力（ジハード）は傷つけた相手に対する暴力となって表れることがある。ムスリムの共同体を防衛することは、当然、ジハードの一部をなす。「ジハード＝アメリカ人やユダヤ人と戦うこと」というのは、ウサマ・ビン・ラーディンたちのアル・カーイダがジハードの一部を極論にしただけのことで、もともとキリスト教徒やユダヤ教徒殲滅《せんめつ》の教えなどイスラムには存在しないし、ジハードを逸脱した解釈にすぎない。ほとんどのムスリムも、そんなことを考えてはいない。

ジダンがつぶやいた「悪意の挑発が罰せられない」ことへの不満こそ、本書のテーマである「イスラムの怒り」に深く関わっている。

この事件にもっとも神経を尖《とが》らせていたのは、フランス政府だった。事件の翌日、フランスに帰国した選手たちを、ジャック・シラク大統領（当時）が昼食に招待した。大統領は、ジダンに対してねぎらいの言葉をかけ、相当に気を遣っている様子がうかがわれた。

選手としては恥ずべき行動をとったにもかかわらず、フランスのマスコミにも、ジダンを糾弾する論調はほとんどなかった。

しかし、ジダンのテレビ・インタビューでの発言は、暴力を肯定している。私がすぐに思い出したのは、先にもふれた、二〇〇五年の秋から冬にかけて、パリをはじめとした大都市の郊外で連鎖的に起きた、移民の若者たちによる暴動であった。

事件は、パリの郊外にある移民が集中している地区で起きた。警官隊と暴れん坊の移民の少年たちが追いかけっこになり、追い詰められた若者二人が、不幸にして変電所に逃げ込んで感電死した。それまでも、低所得層向け公共住宅は移民が集中する地区になっていて、社会に不満をもつ移民の若者たちも多かった。

暴動を起こした若者たちは、移民であるがゆえに差別されてきたことへの怒りと不満を、暴力で発散した。とくに、警察と治安を担当する内務省に対する不満は鬱積《うっせき》していた。それまでも、何度も警察と衝突を繰り返し、若者たちはかなり痛めつけられていた。

移民の少年たちが悪さをするから、警察も乱暴な取り締まりをするようになったのか。それとも警察が人権を無視するような酷い扱いをしたから、若者たちがキレたのか。いずれにせよ一度こういうことが起きると、暴力の応酬になりやすい。当時のサルコジ内相が、悪さをする若者を「ごろつき」呼ばわりしたことも災いして、暴動は各地に広がってしまった。サルコジは移民集中地区を訪れたときに浴びせられた野次に、暴言で応酬したのである。

治安当局は「不満を暴力で晴らすのは罪である」という立場をとる。だが移民の側には、ジダンが抱いた不満と同じ構造がある。移民の若者たちの不満は、就職の際に、アラブ系、アフリカ系であるために受ける差別と、警察が移民の若者たちをはじめから犯罪者扱いすることにあった。一方で、「自由、平等、博愛」をうたいながら、他方では露骨な差別をする。差別を受ける人間にとって、こういう出口の見えない状況がいかに辛いものであるかは、想像に難くない。

彼らからみれば、理由があるから不満を抱いたのであり、その不満が解消されないことへの苛立《いらだ》ちが、突発的な暴力となって噴出した。しかし、国家の側は、「治安」を掲げて取り締まりを強化するばかりで、「差別」や「悪意の挑発」については、いっこうに改善していない。

このことを考えると、テレビでのジダンの発言は深い意味をもっている。ジダンは、移民の若者たちの解消されない不満を代弁したといえるからである。

しかも、世界的なヒーローであり、アルジェリア系の移民二世である彼自身が、暴力という手段で、悪意の挑発をした相手を罰してみせた。〇五年の暴動を起こした若者たちは、ジダンの行動とその後の発言に、さぞかし胸のすく思いだったろう。

飛び火する憎悪

彼らだけではない。パレスチナ問題やイラク問題に憤るムスリムの若者たちなら、中東にも、ヨーロッパにもいくらでもいる。西ヨーロッパ各国で、イスラムは、移民たちの主要な宗教であり、第二の宗教ともいわれるほど多くの信徒を擁していることを忘れてはならない。ロンドンでテロを起こした移民の若者たちも、ジダンが抱いていた不満と、ある部分では共通する不満を鬱積させていたのである。

これは、治安当局にしてみれば深刻な事態である。いまのフランス社会には、移民、とくにアルジェリアなど北アフリカからのムスリム移民に対する敵意が強い。ムスリム移民たちの社会的・文化的同化が進まないことに対するフランス社会の苛立ちは強く、「彼らを甘やかした」移民政策の失敗はつとに指摘されている。

そのような状況のもとで、フランス共和国のナショナルチームを引っ張ってきたジダンの存在は、移民二世の数少ない成功例であった。国民の多くが移民政策は失敗したと言うけれど、ジダンがいるじゃないか、とフランス政府としては、スタープレーヤーであるジダンを、移民の成功例として持ちあげる必要があった。

そのジダンが、こともあろうに、移民の若者たちが抱いているやり場のない不満を代弁したのだから、サルコジ内相（当時）をはじめ、政府関係者は彼の処遇に苦慮したはずである。扱いを間違えば、また暴動に発展する可能性もあった。

彼のインタビューが放送されたあと、あれほど騒いでいたマスコミは、波が引くようにこの話題から遠ざかっていった。フランスのジャーナリストや政治家たちは、ジダンの発言の真意に気づいていたから、意図的に、この話題を避けたのだろう。「触らぬ神にたたりなし」ということになったともいえるし、「臭いものに蓋《ふた》」をしたともいえる。

フランスでの暴動に、イスラム組織は関与していなかったといわれている。しかし、暴動の舞台になった都市郊外の移民街には、数多くのイスラム組織がある。指導者たちは、暴れる少年たちを優しく諭した。「あんなことをしても、警察と衝突して怪我をしたり、刑務所に放り込まれたりするだけだ。うちへおいで。仲間もいるし、人生のもっと良い目的が見つかるよ」。

どれくらいの若者が、こういう誘いに乗ったかはいまのところわからない。イスラム指導者たちが言うとおり、ムスリムとして正しく生きようとすると、自然に、アルコールや麻薬から遠ざかる。物欲や金銭欲からも解放される。「ああ、自分はなんと愚かな生活にひたっていたのだろう、正しいムスリムとなり、少しでもムスリム同胞のためになることをしよう」という方向に針路を変えはじめる。この状態が、ムスリムとしての覚醒《かくせい》である。

こうなっていくと、同じ兄弟としてのムスリムが、理不尽な戦争、理不尽な差別によって窮迫した事態に追い込まれているときには、断固として敵と戦おうとする。ムスリムとしての正しい生き方のために努力することが、ジハードの原義である。自己の信仰実践を正す努力を「大ジハード」、ムスリムの敵による攻撃から信徒同胞を守ることを「小ジハード」と言うこともある。だが、ふつうのムスリムがこの二つを区別しているようには思えない。正しいムスリムになればなるほど、理不尽な同胞への攻撃に憤るのは当然だからである。

品行方正になったにもかかわらず、警察は相変わらず自分たちを敵視し警棒で殴りかかるようなことが起きると、真剣なムスリムになった若者は、警察と、つまり国家の権力と戦う方向に進みはじめる。それが爆発すると、テロや大きな暴動に発展するのである。

第一章　「テロとの戦い」の失敗

ムスリムにはわからなかった「原理主義」

ブッシュ政権のアメリカは、「テロとの戦い」に失敗した。テロとの戦いに勝てないというのではない。テロリズムと戦うことが世界共通の課題であることはいうまでもない。しかし、アメリカはやり方を完全に間違えた。

「テロとの戦い」という言葉は、九・一一以後にブッシュ政権が使い出した。誰によるテロと戦うのか。一般論として「テロとの戦い」というときは相手を特定していない。しかし、アメリカが想定している敵は、ムスリムの過激派、アメリカでの用語では「イスラム原理主義者」だった。九・一一という未曾有《みぞう》の屈辱と惨劇を引き起こしたのが、ムスリムの過激派だと断定したからである。

他方、テロとは関係のないムスリムを敵視していないことを示すためには、一般化して「テロとの戦い」といわなければならない。だが、アフガニスタンでも、イラクでも、実際にアメリカがやってきたのは「イスラム原理主義者によるテロとの戦い」を大義名分とする「戦争」だった。戦争では、「イスラム原理主義者」以外のムスリムも犠牲になる。

そのことが、アメリカと同盟国への憎悪を世界じゅうに飛散させる結果となった。二〇〇一年の九月一一日以降、八年間もアメリカ合衆国を率いてきたブッシュ政権は、「テロとの戦い」の敵と方法を間違えていたのである。

第一に、アメリカは、ムスリム自身が「イスラム原理主義」という言葉を理解していないことに気づかなかった。イスラム原理主義者、イスラム原理主義組織というのが、誰とどんな組織を指すのか、ムスリム自身にはわからなかったのである。イスラム原理主義というのは、アメリカがつくりだした用語だった。ところが、アメリカ、ヨーロッパ、そして日本でも、アメリカがつくったイスラム原理主義という言葉を鵜呑《うの》みにして使ってしまった。

一九七九年に、イランでイスラム革命が起きて王政が倒れた。このとき、パーレビ王政を支えてきたアメリカへの不満が爆発し、暴徒となった若者たちがテヘランのアメリカ大使館を長期間占拠した。外交上のルールで、大使館は置かれている国の干渉を受けない。そのルールをイスラム革命の支持者が破り、外交官たちを拘束してしまった。これをきっかけに、アメリカはイランとの国交を断絶する。

まだ冷戦が終わっていなかった当時、共産主義諸国以外に、アメリカに暴力で歯向かう人々がいるなどと、アメリカは思ってもみなかった。

いったい、連中は何者なのだ。アメリカは大混乱に陥った。イランのことも、イスラムのことも、よく知らなかったのである。そこで、アメリカ国内で、キリスト教徒の一部にいた狂信的で頑迷な信者を指す「原理主義」という言葉を、そのまま「イスラム」にくっつけてしまった。いまや世界じゅうで使われているイスラム原理主義という言葉は、怒りのあまり、相手の姿が見えなかったアメリカが、その場しのぎにつくりだした造語だったのである。だから、ムスリム側が、この言葉の意味を理解したはずはなかった。

だが、政治家もジャーナリストも学者も、この三〇年ぐらいのあいだに、こぞって「原理主義」という言葉を使うようになった。過激で狂信的、頑迷で他の人たちと妥協せず、自分たちの主張を通すためには暴力もいとわない信者、これが「原理主義者」のイメージとして定着した。九・一一の同時多発テロを経験した後、この言葉を安易に使う傾向は決定的になっていく。

イスラムという宗教に、非ムスリムからみると原理主義と呼べるような思想があるのは事実である。原点回帰の志向というのは、歴史のある宗教なら、たいてい信者の一部がもっている。ムスリムのなかで原点回帰を志向する人たちは、「始祖の教えに帰る」とか「原点に返る」という意味の用語「サラフィ」を使うが、原理主義（ファンダメンタリズム）とはいわない。それに、サラフィ主義者のムスリムが、テロリストになるわけでもない。自分たちの信仰を正すことに熱心なのであって、その熱意を異教徒への敵意に向けるわけではない。

しかも、原点回帰を志向する信徒は、実際にはごくかぎられている。よほどイスラムの古典に精通していないと、原点に立ち返るというのが、どういうことなのかを理解できないからである。まして一般のムスリムは、アメリカ生まれの「原理主義」という言葉を自分たちに向けられても、なんのことだかわからなかった。

九・一一が起きたときも、ほとんどのムスリムは、事件の恐ろしい暴力性に激しい嫌悪を感じていた。ふつうのムスリムには、あんなことは到底できない。だから、犯人は「イスラム原理主義者」だとアメリカ政府が即座に断定すると、多くのムスリムは混乱した。ムスリムが犯人だといわれているから、自分たちが犯人だといわれたように感じた。しかも、もともとムスリムにはよくわからない「イスラム原理主義者」の犯行だといわれて、ますます混乱した。

九・一一から八年を経たいま、ムスリムは「原理主義」という言葉の意味を理解しているのだろうか。実際のところ、多くのムスリムは、欧米の報道を通じて「原理主義」がイスラムとムスリムへの敵意ある表現だということは知っている。だが、自分のことだとは、誰も思っていない。ムスリムが、「原理主義」という言葉の意味をよく飲み込まないうちに、欧米諸国が「テロとの戦い」を「戦争」に敷衍《ふえん》したことが、イスラムと西欧との断絶を一気に深めてしまったのである。

敵を見誤ったアメリカ

第二に、アメリカが打倒したイラクのフセイン政権は、イスラム原理主義となんの関係もなかった。サッダーム・フセインは、イスラム的な道徳からはかけ離れた人物で、敬虔なムスリムはフセイン政権をひどく嫌っていた。だから、九・一一のテロを起こした犯人たちとフセインを結びつけるというのは、最初からありえない話だった。アメリカは戦うべき「敵」を間違えた。

フセイン政権の支持基盤にはスンニー派が多かった。ただ、スンニー派といっても、フセイン時代のバース党政権には、実はイスラム色はほとんどない。バース党のバースというのは「復興」のことで、正式には「社会主義アラブ復興党」という名の政党である。社会主義を冠しているくらいだから、イスラムに従った統治はしない。そのことに少しでも注意していれば、世俗的なフセイン政権とイスラム過激派のアル・カーイダがくっついてアメリカを狙《ねら》っているという筋書きが、ありえないことに気づいたはずだ。

他にイラクを構成する重要なメンバーのシーア派とクルド人はフセイン政権に敵対していたから、残ったスンニー派が支持基盤になったと考えたほうがわかりやすい。もっとも、名目上は「スンニー派」だが、その実態は有力部族長の寄せ集めであって、スンニー派のイスラム指導者たちがフセイン政権を支えていたわけではない。

数のうえで優位に立つシーア派は、イラク戦争のおかげで権力と利権を手にした。スンニー派よりも宗教指導者のリーダーシップが強い彼らは、フセイン政権時代に厳しい弾圧を受け、迫害されていたのだから、フセイン政権の基盤だったスンニー派と協調するはずもない。恨みを晴らすかのように、占領後、スンニー派とシーア派はテロの応酬に陥った。当然の結果である。

そこに、新たな武装闘争グループが加わった。アル・カーイダ系をはじめとする、スンニー派の武装集団である。彼らは、アメリカをイスラムの主要な敵と考えているから、イラクこそジハードの主戦場だ、と意気込んで乗り込んできた。

イラクのスンニー派部族長たちにとっては、願ってもない援軍である。部族長たちは、フセイン政権下で利権をむさぼっていたのだから、アル・カーイダ系のイスラム過激派ともともと仲がいいはずはない。しかし、駐留米軍と戦ってくれるなら大歓迎だった。スンニー派の部族長たちは、イラク戦争の結果利権を手にしたシーア派も気に入らない。

こうして、外国からやってきたスンニー派の武装闘争グループとスンニー派部族長たちが手を握り、米軍とシーア派の両方を相手に攻撃を仕掛けた。イラクでの「スンニー派 vs. シーア派」の宗派抗争というのはこういうことであって、宗派が違うから憎しみあったわけではない。政治的利権争いが絡まないかぎり、ふつうスンニー派とシーア派は衝突などしない。

アメリカは、「ほら、やっぱりアル・カーイダがいたじゃないか」と戦争の正当性に結びつけようとしたが、アル・カーイダ一派は、戦争後にイラクに入ってきたのであって、フセイン政権の時代にはいなかった。

アメリカは、イラク占領の途中から、スンニー派とシーア派が宗派間で争うからイラク再建がうまくいかないのだと主張したが、フセインという独裁者を排除してしまうと、こうなることははじめからわかっていたのである。

非戦闘員の殺戮《さつりく》が憎しみを助長した

第三の失敗は、ムスリムを相手に、大規模な「戦争」という手段で「テロとの戦い」をしたことが、かえってムスリムの怒りを増幅させたことにある。戦争という手段を用いると、戦闘員だけでなく、非戦闘員を殺戮する結果を招く。それが欧米への敵意を増幅させた。

ムスリムの「非戦闘員」の観念と、私たち非イスラム教徒の「非戦闘員」の観念は違う。そのことを、アメリカを含めて非ムスリムの側は知らなかった。

日本も含めて、欧米諸国では、軍人を戦闘員として、その他の一般市民を非戦闘員と扱う。しかしイスラムでは、戦時において基本的に成人男子はみな戦闘員になる。一方、子ども、女性、高齢者は非戦闘員とされる。

アメリカ政府は、アフガニスタン侵攻のときも、イラク戦争のときも、攻撃の目標は軍事拠点やテロリストの潜伏場所であって、民間人の生活の場を狙わない、と繰り返し主張していた。

だが結果としてイスラムで非戦闘員とされる女性や子どもを、数多く殺害した。幼い子どもの死体を抱きかかえて悲嘆に暮れる親の姿に、世界じゅうのムスリムは瞬時に激怒した。それが、いまもって世界がテロの脅威と直面している原因である。幼い子どもを殺されて怒るのは、ムスリムにかぎったことではない。しかし、怒りの程度は、非ムスリムに比べると格段に高い。その怒りが世界じゅうから「殺人者」「子ども殺し」に対する復讐《ふくしゅう》として跳ね返ってくるのである。

衛星放送が発達していたおかげで、世界じゅうのムスリムは、そういう凄惨《せいさん》な光景を見ていた。日本やアメリカでは、こういうシーンをカットして放送するが、中東・イスラム圏の放送は、血まみれで死後硬直した子どもの遺体の映像を放映している。イラクだけではない。パレスチナでのイスラエル軍の攻撃による被害も、毎日のように放送されている。アメリカとその同盟軍に、怒りを募らせるムスリムが増えたことはいうまでもない。

極端なことをいえば、殺したのが民間人でも成人男子ばかりなら、ここまで事態は悪化しなかった。女性、子ども、高齢者、病人、お金がなくて逃げられなかった人たちなど、弱者を数多く殺害したことが、欧米と戦うことこそジハードと信じる若者を増やしたのである。世界じゅうのムスリムの怒りを掻《か》き立てることの重大性を軽視し、戦争という手段を用いたアメリカとその同盟国は、「テロとの戦い」という普遍的な課題について、ひどく愚かな選択をしたといわざるをえない。

アメリカ政府の失策は、占領後、いっそう深刻なものになった。フセイン政権を倒してから、アメリカ政府も開戦の根拠がなかったことを認めた。大量破壊兵器は存在せず、フセイン政権とアル・カーイダの結びつきもなかったのである。四〇〇〇人もの兵士を犠牲にしながら、最終的に「テロとの戦い」に失敗するのでは、犠牲となった米兵があまりに気の毒である。

だが、ブッシュ政権は、引き返すことができなかった。そこで途中から、イラク戦争の意義は、イラクや中東を民主化させ、テロの脅威をなくすことだと強弁した。戦争の目的を中東の民主化にすりかえてしまったのである。

アメリカがフセイン政権を壊滅させたあと、意気揚々とバグダードに進駐して最初にやるべきだったのは、住民を銃やミサイルで脅すことではなかった。荒唐無稽《こうとうむけい》といわれるかもしれないが、戦争の犠牲者となった「女、子ども、老人」の遺族に謝罪し、犠牲者に賠償金を支払うことが必要だったのである。

「すまなかった。フセインという独裁者を放置しておいたら、シーア派やクルド人は、イラク国民であるのに安心して暮らせなかったはずだ。大量破壊兵器を彼にもたせたら、近隣の国々との紛争は絶えなかっただろう。イラク国民にも、世界にも平和と自由はなかった。だからやむなく倒したが、女性や子どもなど、なんの罪もない弱者を殺したのは悪かった。せめて罪の償いとして弱者の救済を図りたい」と言って救援活動をすればよかったのである。

そうしていれば、イラク復興ははるかに容易だったろうし、コストもかからなかった。

それに、アメリカはここまで世界じゅうのムスリムから憎まれることはなかっただろう。少なくとも、欧米の人々を殺戮しろと命じるビン・ラーディンの説教に耳を傾けるムスリムは、いまよりはるかに少なく、マドリードやロンドンでのテロも防止できたかもしれない。

「金で償えるか？」と疑問視する人も多いだろう。もちろん、大切な人を失った悲しみや怒りが、金で償えるものではありえない。ただし、イスラムでは、弱者救済がもっぱら喜捨という金銭を通じて行われるし、誠意と金銭を比べたときに、必ずしも誠意を重んじるとはかぎらない。誠意を尽くすことはもちろんだが、そのうえで、金銭によって償うことは通常拒絶されない。

ここでは、読者の記憶に新しいイラク戦争に焦点を当てたが、いうまでもなく、アメリカがムスリムに途方もない損害を与えたのは、これがはじめてではない。パレスチナ問題の当事者は、パレスチナ人とイスラエル国家だが、イスラエルによるパレスチナ攻撃は、多くのムスリムの命を奪った。それを一貫して支えてきたのがアメリカであることは、世界の誰もが知っている。パレスチナ問題にとって、アメリカは過去半世紀以上を通じて、ずっとイスラエルの強力な支援者であり、その意味で間接的な加害者でありつづけた。

二〇〇八年暮れから〇九年初頭にかけて、イスラエルはパレスチナのガザ地区に対して大規模な攻撃を行った。一三〇〇人を超す犠牲者の三分の一は子どもだったという。このとき、イスラム圏の多くのメディアが、イスラエルを「子ども殺し」と非難し、子どもの死体の写真を掲載していた。このことも、ムスリムが「戦争」に際して何に怒るかを表している。

九・一一の直後、アメリカはアフガニスタンに侵攻し、タリバンを掃討した。そのときも、逃げ遅れた多くのアフガン市民が犠牲になった。ブッシュ政権になって最初の戦争による「テロとの戦い」は、過激なイスラム主義集団であるタリバンを放逐し、彼らが匿《かくま》っていたビン・ラーディンやアイマン・ザワーヒリーを捕縛もしくは殺害することだったが、二人の行方はわからず、結局は、タリバンの戦士とともに多くの子ども、女性、高齢者が犠牲となった。

この繰り返しが、結果として、アメリカがイスラムの敵であることを世界じゅうのムスリムの心に刻みつけた。それでも、アメリカの何から何までを憎むムスリムは少数にすぎない。多くのムスリムが許せないと感じているのは、ブッシュ政権による暴力的戦争であって、アメリカがオバマ政権になって変わってくれるなら、これまでの遺恨は水に流そうじゃないか、というムスリムは多い。

だが、オバマ大統領は、就任早々、「テロとの主戦場はイラクからアフガニスタンに移った」と宣言した。ブッシュ前大統領が、嘘《うそ》をついて始めたイラク戦争は過ちだが、アフガニスタンはテロとの戦争に重要だから、米軍を増派するという。

この理屈は、アメリカ国民には通用するだろうが、ムスリムにはなんの説得力もない。二〇〇一年のアフガニスタン戦争で掃討したタリバンが、復活していることが許せないというアメリカ政府の主張はわかる。しかし、ここで再び「戦争」という手段を用いて、戦闘員以外の女性や子どもを殺すなら、アメリカの対テロ戦争はイラクと同じ結果を招く。

そもそも、アフガニスタンを「テロの主戦場」にしているのはアメリカ自身であって、タリバンではない。押しつけがましいタリバンの支配を、アフガニスタンの村民たちが望んでいるわけではない。誰でもいいから、秩序を維持できる統治、治安を安定化できる統治を望んでいるにすぎない。

アメリカが、カルザイ大統領の傀儡《かいらい》政権をつくって一〇年近くを経ても、治安が安定せず、経済も好転しないから、地方の農民たちがタリバンに接近してしまうのである。理想主義的な「民主化」を押しつけ、軍事力でタリバンを制圧するような方法が、早晩行き詰まることは明らかである。

パレスチナでの誤算

アメリカが敵の姿を見間違えたという点で、もう一つ、補足しておくべきことがある。

一九四八年、アラブ・イスラエル戦争が勃発《ぼっぱつ》した。パレスチナの土地に入植したユダヤ人たちが、ユダヤ人の国家イスラエルを強引に建国し、父祖伝来の土地に暮らしてきたパレスチナ人を迫害し、権利を奪ったからである。日本では、中東戦争（第一次〜第四次）として知られるが、この戦争は英語ではアラブ・イスラエル戦争と言われる。つまり、アラブ（パレスチナ人もアラビア語を話すからアラブ民族に含まれる）という民族と、イスラエルを構成する主体であるユダヤ民族との、「民族紛争」とみなされてきた。

アメリカは、途中で、敵方、つまりパレスチナ側の主役が、民族解放を掲げるＰＬＯ

（パレスチナ解放機構）から、ハマス（イスラム抵抗運動）に代わったことの意味を正しく理解しなかった。ハマスは、イスラム的公正の実現によって、パレスチナ問題の解決を図る宗教組織である。一言でいえば、宗教色のない民族解放運動がいっこうに成果をあげなかった結果、パレスチナ人のムスリムが、最後に望みを託した解放運動組織といえるだろう。

相手が民族運動の組織なら、アメリカをはじめとする西欧諸国にも、それがどういう組織と運動形態をとるのかが理解可能だった。北アイルランド紛争でも、スペインのバスク解放運動でも、主役は「民族運動」の組織である。民族運動というものは、もともと、ヨーロッパで生まれた民族自決の考え方に結びついているし、「民族vs.民族」の対立なら、ヨーロッパにもいくらでも経験があったから、何が起きるか想定できた。

しかし困ったことに、一九八〇年代の後半になってハマスという「イスラム組織」がパレスチナ解放運動に登場し、二〇〇六年にはパレスチナ立法評議会選挙で議席の過半数を獲得して政治的主導権を握る。ハマスが表舞台に登場してからのアメリカやＥＵの対応は、ひどく未熟なものだった。アメリカもＥＵも、ハマスはテロ組織だから交渉相手にしない、と宣言してしまったのである。どんな組織でも、民主的な選挙で選ばれた以上、対話ぐらいすべきである。対話の道を閉ざしては、妥協も停戦もありえない。

ここでも、イスラムとムスリムの怒りの本質を理解しないまま、「テロとの戦い」という大雑把な表題を掲げて戦争に打って出ようとする、アメリカの未熟さが表れている。主役がイスラム組織に変わったということは、組織と運動をつくりあげていく論理が、これまでの民族主義から、イスラム主義に変わったことを意味する。民族主義は西欧近代の産物だし、直接、宗教の教えとは関係ない。民族というものを軸に結束して国家をつくるという発想は、近代ヨーロッパに生まれたもので、中東にはその発想がもともとなかったのである。だから、宗教的規範と価値観を前面に押し出してくるハマスの登場に、アメリカ政府もEUも混乱をきたした。

イスラエルからは「テロリスト集団」とされていても、パレスチナ問題を和平に導こうと思うなら、選挙で選ばれた政治勢力と腹を割って話すぐらいの度量をもたなければならない。イスラエルは当事者だから、テロ組織（ハマスのこと）との面会拒否もありうるが、仲介者まで口をきかないというのは大人気ない。イスラムの怒りには耳を傾けようとしない欧米の傲慢《ごうまん》は、パレスチナでも続いている。

これらの状況が層をなして積みあがっているのが、いまのイスラムと西欧との関係である。これでは対話の道も開けないし、イスラム過激派のテロを抑止できない。

コラム　ダヴォス会議でのトルコ首相の発言

二〇〇九年一月二九日、スイス、ダヴォスでの世界経済フォーラム（ダヴォス会議）は、イスラエルのガザ攻撃を受けて緊急のパネルディスカッションを開いた。パネリストは、シモン・ペレスイスラエル大統領、レジェップ・タイイプ・エルドアントルコ首相、潘基文《パンギムン》国連事務総長、アムル・ムーサアラブ連盟事務総長。司会は「ワシントン・ポスト」のデヴィッド・イグナシアス。

それはパネル閉会直前のことだった。

エルドアン首相　一分、一分、一分、時間をくれ。
司会者　じゃあ、一分だけ。
エルドアン首相　ペレスさん、あなたの声は大きかった。あなたは私より年長だ。（イスラエルのガザ攻撃の正当性を）大声で話すというのは、罪の意識を感じている心理を反映したものじゃないか。人殺しの件だが、ペレスさん、あなたは、人殺しについて、よくご存知のはずだ。ビーチにいた子どもたちをどうやって殺し、どうやって撃ったかを私はよく覚えている。二人のイスラエルの首相経験者が私に重要なことを言った。「戦車に乗ってパレスチナに乗り込むのは、格別に愉快だった」と。（略）だが、子殺し、人殺しを楽しむとは、人道に対する罪である。
司会者　ディナーの時間が迫っているので、もうやめてください。
エルドアン首相　私の発言を妨げないでください。言いたいことが山ほどあるが、二つだけ、どうしても言っておきたい。その一つは、モーセの十戒の六番目だ。「殺すな」とある。だが、イスラエルは殺している。二つ目は、ユダヤ人でさえイスラエルの攻撃を非難しているということだ……（略）。

司会者　もう、時間がありません、首相……。
エルドアン首相　私にとってダヴォスは終わった。もう二度とここには来ない。私には話させないではないか……（略）。
エルドアン首相は、席を立って退場した。
司会者　首相！　首相！

エルドアン首相の発言は、母国トルコのみならず、アラブ諸国でも賞賛された。出口の見えないパレスチナ問題、とくに二〇〇八年の末から〇九年初頭にかけて行われたイスラエルによるガザ攻撃に対して、アラブ諸国の首脳が有効な対応を打ち出せずにいることへの不満をトルコの首相が代弁したのである。彼は、イスラエルによる「子殺し」を二度にわたって口にしている。子どもを殺すことに、世界のムスリムが激しい怒りを覚えていることを知り抜いての発言にほかならない。

第二章　隣人としてのムスリム

世界じゅうに暮らすムスリム

私たちは、覚悟を決める時期にきている。イスラムという宗教を奉じるムスリムたちと、つきあわざるをえないという現実を直視しなければならない。つきあうなら、無用な衝突を防がなくてはいけない。

東南アジアにも、南アジアにも巨大なムスリム社会がある。中国の西域もイスラム圏である。チベットの北にはムスリムのウイグル人たちがいる。北京オリンピックの聖火リレーが、チベット問題で揉《も》めたとき、ウイグル人たちも、信教の自由を掲げて三日月と星の旗を振っていた。三日月と星はムスリムが好んで使う。

中国で信教の自由や自治を制約されているのは、チベット人だけではない。西域のムスリムたちが叛旗《はんき》を翻すと、中国政府にとって大きな脅威となる。中国政府は、新疆《しんきょう》ウイグル自治区のイスラム復興組織に警戒を強めている。

中国の西隣にはシルクロードの国々が続く。キルギス、カザフスタン、ウズベキスタン、トルクメニスタンからカスピ海を渡ってアゼルバイジャン、そしてトルコまで、トルコ系の言葉を話すムスリムたちの社会が連なっている。相互に意思疎通が可能な文化圏が、中国からトルコまで連なっている。

東南アジアには、最大のムスリム人口をもつインドネシアがあり、マレーシアでも多数派はムスリムである。南アジアには、バングラデシュ、パキスタン、そしてインドというムスリムの大国がある。インドは、ヒンドゥーの国と思われがちだが、国全体の人口が多いので、少数派とはいえ多くのムスリムが暮らしている。パキスタンの北はアフガニスタン、西はイランと、この地域にはペルシャ語系統の言葉を話すムスリムが集まっている。アラビア半島には、アラビア語を話すムスリムが多数を占める国々がある。今日のサウジアラビアにはイスラム生誕の地メッカ（マッカ）とメディナ（マディーナ）がある。

アフリカ大陸も、北のエジプト、チュニジア、アルジェリア、モロッコから西アフリカにかけて、スーダンやタンザニア、ソマリア、ケニアでもイスラムが社会のなかで大きな力をもつ。地理的にみれば、世界の半分ぐらいの面積に、ムスリムは広がっている。

イスラムとあまり関係のなさそうなのはラテンアメリカぐらいだが、実は、南アメリカにもイスラム社会はある。ガイアナとスリナムには、かつてプランテーション労働者とし

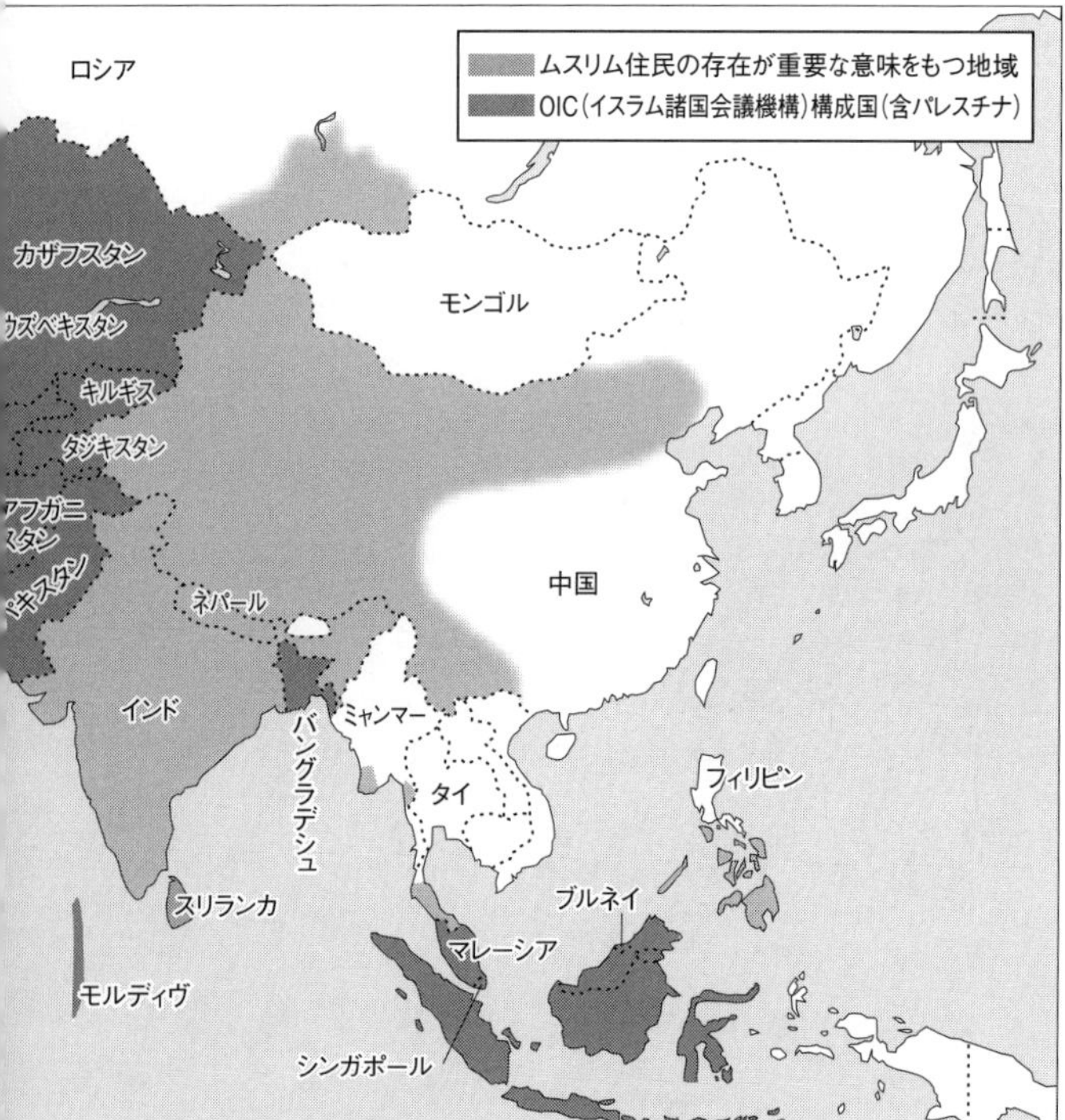
ムスリム住民の存在が重要な意味をもつ地域
OIC（イスラム諸国会議機構）構成国（含パレスチナ）
ロシア
カザフスタン
ウズベキスタン
キルギス
タジキスタン
アフガニスタン
パキスタン
ネパール
インド
バングラデシュ
スリランカ
モルディヴ
モンゴル
中国
ミャンマー
タイ
フィリピン
ブルネイ
マレーシア
シンガポール
インドネシア
オーストラリア
❶ スロベニア
❷ クロアチア
❸ ボスニア・ヘルツェゴビナ
❹ セルビア
❺ モンテネグロ
❻ コソボ
❼ アルバニア
❽ マケドニア

イスラム世界の広がり

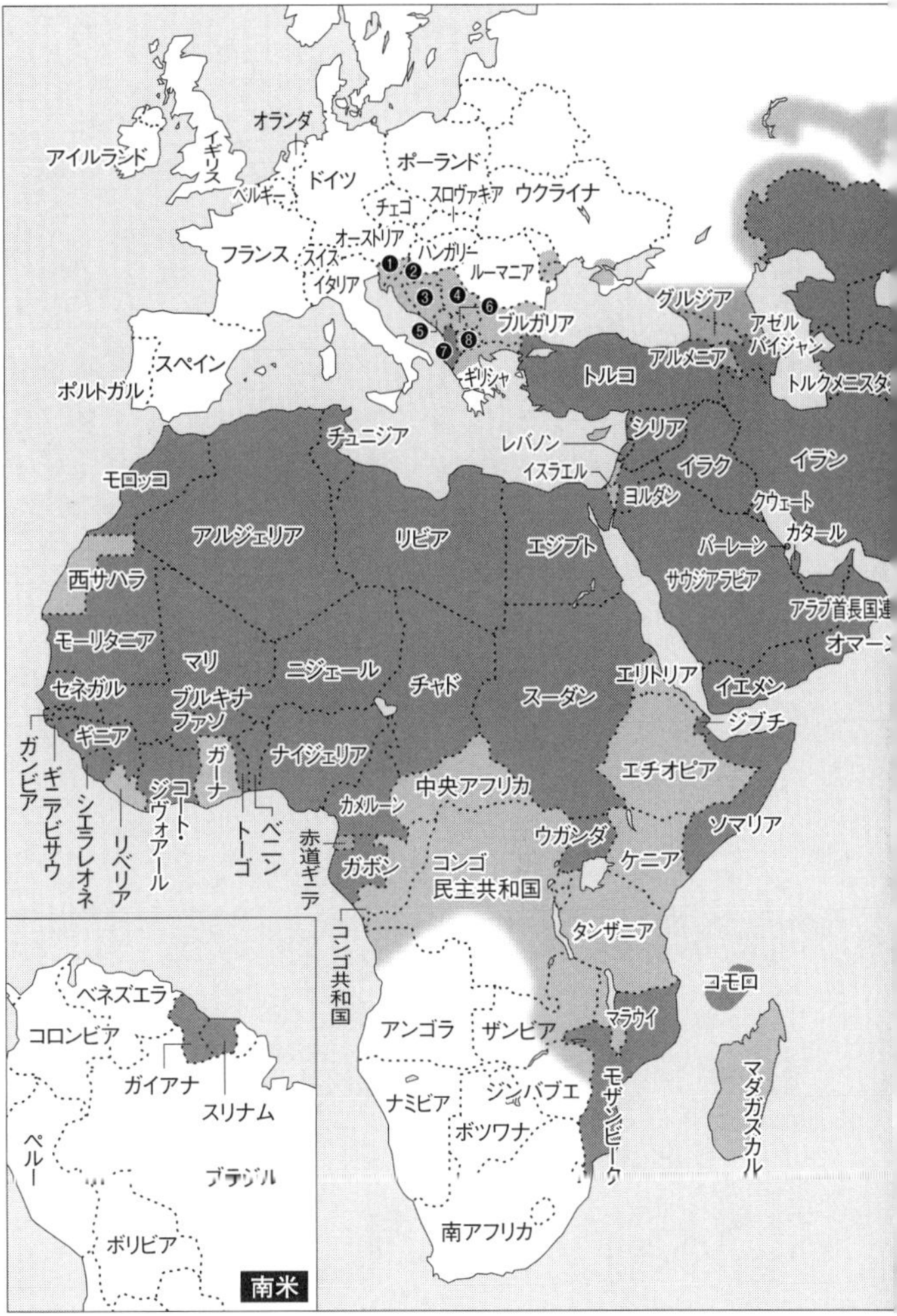

オランダ
アイルランド
イギリス
ドイツ
ポーランド
ベルギー
チェコ
スロヴァキア
ウクライナ
オーストリア
フランス
スイス
ハンガリー
ルーマニア
イタリア
❶
❷
❸
❹
❺
❻
❼
❽
グルジア
ブルガリア
アゼルバイジャン
スペイン
アルメニア
ギリシャ
トルコ
ポルトガル
トルクメニスタ
チュニジア
シリア
レバノン
イラン
イスラエル
イラク
モロッコ
ヨルダン
クウェート
アルジェリア
リビア
エジプト
カタール
バーレーン
西サハラ
サウジアラビア
アラブ首長国連
モーリタニア
オマーン
マリ
ニジェール
チャド
エリトリア
セネガル
ブルキナファソ
スーダン
イエメン
ジブチ
ギニア
ナイジェリア
エチオピア
ガーナ
中央アフリカ
ガンビア
ギニアビサウ
シエラレオネ
リベリア
コートジヴォアール
トーゴ
ベニン
カメルーン
ソマリア
ウガンダ
赤道ギニア
ガボン
ケニア
コンゴ民主共和国
タンザニア
コンゴ共和国
コモロ
マラウイ
アンゴラ
ザンビア
マダガスカル
ナミビア
ジンバブエ
モザンビーク
ボツワナ
南アフリカ
ベネズエラ
コロンビア
ガイアナ
スリナム
ペルー
ブラジル
ボリビア
南米

て渡ったムスリムがいる。ガイアナはイギリスの、スリナムはオランダの植民地だったときに連れてこられた人たちの子孫である。スリナムでは、人口の二割を占めていて、両国ともイスラム諸国会議機構（ＯＩＣ）にも加盟している。

八〇年代に日本も経験したこと

少子高齢化の日本が、近いうちに外国人にも労働市場を開放することは間違いない。政府もその方向を打ち出している。そうなれば、必然的に、日本国内の隣人としてムスリムが増える。実は、以前にも一時期、日本にムスリムが殺到したことがある。一九八〇年代の後半、バブル景気とともに現場での労働が嫌われはじめた。若い人たちは、地元の大企業の工場でさえ働こうとしなくなった。きつい、汚い、危険な仕事を三つのＫ（３Ｋ）と呼んだのもそのころだった。労働力の不足を補うために、当時、バングラデシュ、パキスタン、イランなどから、どっと外国人労働者が流入した。彼らの多くはムスリムだった。

政府は、あわてて彼らの母国との査証免除協定（来日するにあたって、観光目的などの短期滞在ならビザを要求されないという協定）を止めた。みんな、観光と称して入国し、働いていたからである。日本側に、彼らを必要とする経済的理由があったにもかかわらず、法務省は、彼らを不法滞在者・不法就労者と扱い、取り締まりを強化した。

当時はまだ九・一一の前だったから、ムスリムへの偏見もいまほど強くなかった。それでも、ムスリムの多い地域では、「イスラム教徒＝恐い＝何をしでかすかわからん」という短絡的な見方はかなり強かった。何か事件が起きると、新聞には「犯人は中近東系か」のような見出しが載ることもしばしばあった。未知の文化に遭遇したとき、あっけないほど簡単に警察情報を鵜呑みにした報道が目立ったことを、私は覚えている。

あるとき、外国人労働者の多い町を学生と訪ねて、駅前にたむろする彼らの国籍を当てられるかどうか、試したことがある。だが、ほとんど当たらなかった。中東出身の人かと思ったら、ラテンアメリカの人だったというように。人の外見で何かを判断することなどできないのだが、急なグローバル化に直面すると、こういう混乱が起こりやすい。

その後、入国管理が厳しくなったのと、九〇年代初頭にバブル経済が崩壊したおかげで、彼らの数は減少した。しかし、少子高齢化の進む日本が外国人に労働市場の門戸を開けば、ムスリムは、必ず日本社会を構成する一員となる。好き嫌いにかかわらず。いまの日本には、彼らとつきあうための術と知識の両方が欠けているから、先にムスリム移民を受け入れたヨーロッパと同じような問題に、早晩直面することになるだろう。

母国から放り出された過激派

アメリカやヨーロッパ諸国の社会には、相当数のムスリム移民がいる。彼らの多くは、二〇世紀の半ばから働くために先進国に渡った移民である。受け入れた国は、八〇年代後半の日本がそうだったように、自国民がしたがらない仕事を移民たちにさせたのである。

これ以上、移民が増えるのは御免だ、ムスリムのモスクが増えるのは嫌だという声は、最近ヨーロッパのあちこちで、よく聞く。気持ちはわかるが、隣人として受け入れてしまった相手に、そんなことを面と向かって言えば、対立することは眼に見えている。イギリスでもフランスでもドイツでも、ムスリム移民との緊張が高まっているのは、彼らを労働移民として受け入れたあとに、相互理解を進めなかった結果である。ヨーロッパの移民嫌いについては、あとでもう少し詳しく検討しよう。

一方、過激な主張をするイスラム活動家たちは、中東、アジア、アフリカの母国で政権からひどく疎まれ、投獄されるか、処刑されるか、追放された。追放された過激派は、当然のことながら、母国の政府から帰国を禁じられている。ビン・ラーディンも、その一人である。

イスラム過激派（欧米のいうイスラム原理主義者）とは、いったいどんな人を指すのか。この点はムスリムの怒りを知るうえで、大切なポイントになる。簡単にいえば、ムスリムから成り立つ社会は、個人がイスラムの教えに従うだけでは十分でない。個人の集合として、信徒の共同体である社会もまた、イスラム的に正しく運営されなければいけないと考える。

ところが、現実のイスラム世界の国は、どこをとっても、イスラム的に完全には正しく統治されていないし、正しい政治も行われていない。そこに、イスラムの教えにもとづいた「世直し」運動の芽が出てくる。イスラム復興運動と呼ばれるものは、イスラムの価値や規範を崩してしまった中東・イスラム世界諸国の「世直し改革」運動だった。

とくに、一部の富裕層が富を独占し、多数が貧困にあえいでいるという状況は、弱者救済を神の定めとするイスラムにとって、はなはだ不公正である。イスラム的世直し運動が、しばしば権力に対して社会的・経済的公正を要求してきたのはそのためである。

ビン・ラーディンも、サウジアラビア王家がアメリカと結託して石油利権をむさぼったことに怒り、国王に諫言《かんげん》の手紙を書いた。しかし王家の逆鱗《げきりん》に触れ、国籍を剝奪《はくだつ》され国外に追放された。アメリカやヨーロッパに嫌われる以前に、イスラムの世直し活動家は母国の政府から激しく弾圧されていたのである。

テロリストは、誰なのか

こういう人たちは、人権擁護を掲げるヨーロッパやアメリカに逃げ込むか、あるいは、アフガニスタンやソマリアのように、統治能力が低い国に潜入した。アフガニスタンやパキスタンの山中をさまようアル・カーイダも、母国から嫌われたイスラム指導者と戦士たちである。

欧米諸国にとっては、はなはだ迷惑なことだが、母国を放り出された真剣なイスラム指導者たちは、矛先をアメリカやイギリスに変えてしまった。母国が、真面目なイスラム国家になれないのは、アメリカをはじめとする欧米諸国が、物質文明と資本主義と強大な軍備を持ち込んで堕落させたからだ。パレスチナ問題を通じて、アメリカはずっとイスラエルの後ろ盾になって、ムスリムが多数を占めるパレスチナ住民を苦しめてきた。ビン・ラーディンたちは、母国をまっとうなイスラム国家にしようという夢が実現できそうもないと知ると、背後の敵である欧米諸国を非難しはじめた。途中から、ターゲットをすりかえたのである。

アル・カーイダの仲間たちを匿ったのは、何もアフガニスタンのタリバンだけではない。アメリカ合衆国もイギリスも、母国で迫害を受けた宗教家である彼らを、亡命者や難民として受け入れていた。イスラム的世直し運動の活動家というのが、どういう個人や組織であるのか、欧米諸国はよくわかっていなかった。いうまでもなく、自分の国の方向を正せなかったからといって、欧米諸国を攻撃したり、攻撃を呼びかけたりすることに正当性はない。

サダト大統領暗殺に関わったとしてエジプトを追放されていた、オマル・アブドルラフマンという急進的なイスラム指導者は、正式にアメリカのビザを取って入国し、後にグリーンカードまで取得していた。この男は、一九九三年に起きたニューヨーク貿易センタービル爆破事件に深く関与したことで知られている。九・一一実行犯の師匠筋にあたる筋金入りの過激派である。アメリカもイギリスも、こういうところで、実に詰めが甘い。

問題を深刻にしたのは、過激な指導者たちの主張には、移民としてヨーロッパやアメリカに住んでいたムスリムにも、大いにうなずけるところがあった点である。ビン・ラーディンがイスラエルやアメリカを攻撃しろと主張したことは、正当化できない。その一方で、欧米諸国が世界のムスリムを苦しめてきた点も事実だった。もちろん、ビン・ラーディンがそそのかしたからといって、移民たちの多くがテロに走るわけではない。ほんの一握りの若者が、この種の主張に共感し暴力に突っ走ったのである。

ムスリムの移民として欧米諸国に暮らしている若者たちは、多かれ少なかれ、人種、民族、宗教を理由にした差別に直面している。日常生活での格差や差別という下地があってはじめて、ビン・ラーディンのメッセージは心に響くのである。差別がなければ、そして夢を実現できるなら、誰も母国を追放されたイスラム指導者の言うことなど、聞く必然性がない。

頑張って大学まで進学したのに職がない。名前や、住んでいる地区を話したら、就職を断られた。これが、イギリスでも、フランスでも、ドイツでも、ムスリム移民の若者たちが経験する日常である。彼らは、西欧的な理性と合理主義を十分すぎるほど学んでいる。イスラムの価値観と根本的に異なる部分も多々あるにもかかわらず、西欧の学校で学ぶ以上は、それを身につけなければならなかった。

問題はそのあとにあった。学校で、自由や、平等や、人権を教えられたあとに、未来が拓けないのでは、あんまりだ。そのときのムスリムの怒りと矛先を理解しておくべきだった。一度学んだ西欧の価値から反転して、彼らは一気にイスラムの側に戻っていく。一度、イスラムの教えに戻った若者たちは、二度と西欧的で世俗的なライフスタイルには戻らない。彼らのなかから、急進的な組織の網にかかる人たちが出てくる。しだいにネットワークが広がり、いつか、どこかで、テロという暴挙に及ぶのである。

ビン・ラーディンは、テロに暴走する若者の指導者か？　たしかに彼はアメリカやイスラエルとの戦いを煽動《せんどう》してきた。しかし、流れている情報が確かなら、彼とアル・カーイダがいるのは、アフガニスタンか、パキスタンの山のなかである。そんなところにいて、ニューヨークやロンドンのテロを遠隔操作できるだろうか。００７に登場する悪の帝王みたいなことが、欧米諸国の先端技術による情報収集の網をかいくぐってできるだろうか。アル・カーイダの技術水準を軽視するつもりはないが、彼らの手法はもっと単純ではないかと私は考えている。満たされない思い、やり場のない不満を鬱積させてきた世界のムスリムの胸にストンと落ちる、的確なメッセージを出しつづけたことで、彼らの不満を爆発させる起爆剤となったのだろう。アメリカでも、ロンドンでも、実際にテロを起こしたのは若者たちだった。

何千キロも離れた山のなかから発したメッセージが、彼らを洗脳したと考えるのは、イスラムについての「恐い宗教」「わけのわからない教え」、という思い込みによるところが大きい。多くのムスリム自身が言うように、ビン・ラーディンのような人物は煽動家にすぎない。彼はイスラム法学者として、正しい法解釈を行う専門家ではない。だが、アジテーターとしては、すぐれた能力をもっていた。若者たちの不満に起爆剤を与えたことは事実だが、ビン・ラーディンのメッセージには、「主義」というほどの深い思想性はない。

ビン・ラーディンは、アメリカによって文明の敵のシンボルにされてしまった。アメリカは、敵の姿を正確に見定めないで、一挙にある国をターゲットに戦争などするから、余計、ムスリムの人間像を見失ってしまったのである。アメリカを嫌う人なら世界にいくらでもいる。だからといってそういう人たちが、次々にアメリカをテロ攻撃するわけではない。ムスリムも、そんな無謀なことはしない。九・一一以前に、その無謀な攻撃をしたのが日本だったことを、私たちは知っている。そして、その無謀さが何を招いたかも知っている。だが、真珠湾攻撃にいたる日本の対応を、非合理的と切って捨てることができるだろうか。

過激なムスリムによるテロが、ムスリム自身にとって何を意味するか。大多数のムスリムはテロがジハードを突き詰めた果ての暴挙であることはわかっている。ムスリムがおしなべて、ひどく乱暴で攻撃的に違いないという思い込み自体、すでにムスリムの人間像を見失っている。ムスリムの理屈というものは、たしかに私たちの「理屈」とは違うけれど、彼らの理屈を知れば、それが、彼らなりに筋の通ったものであることは、私たちにも理解可能である。それを知らなくてもよいと決めてかかるなら、暴力の連鎖を止めることはできない。

第三章　西欧は、なぜイスラムを嫌うのか

1　キリスト教のイスラム嫌い

あとから生まれた一神教

いまの世界をみていると、イスラムの過激派がキリスト教やユダヤ教を嫌っているように思われている。しかし、歴史的にみて、これは逆である。キリスト教やユダヤ教がイスラムを嫌ってきたのである。

キリスト教の世界としての西欧が、イスラムを嫌った理由はわかりやすい。イスラムは一神教である。神（アッラー）は唯一絶対の存在である。イスラムより前に、二つの一神教、ユダヤ教とキリスト教がある。どちらも絶対者としての一人の神を信じる。当然のことながら、先輩の一神教徒からみれば、後発のイスラム教徒は邪教にみえるし、同じ神を信じていることとさえ、なかなか受け入れない。

ところが、後発の一神教であるイスラムからキリスト教やユダヤ教をみると、違ってくる。神は一人である以上、ユダヤ教もキリスト教も、同じ神を信じていることになるから先輩なのである。実際ムスリムは、キリスト教やユダヤ教の神も、自分たちの神と同じなのでアッラーと呼ぶ。唯一の神からの啓示（メッセージ）を授かったところから、キリスト教徒やユダヤ教徒を「啓典の民」と呼んで兄弟とみなしてきた。

ユダヤ教徒にとっては、旧約聖書（モーセ五書や預言の書など）にこめられた神の教え（律法）が信仰の核をなしている。しかも神は、ユダヤの民を選んだと考えている。だから、七世紀になってアラブ人のムハンマドに下された啓示が、自分たちへの教えと同じ価値をもつとは考えられない。

キリスト教徒も同じである。彼らの信仰の根本をなすのは、神が人類の原罪を贖《あがな》うためにイエスをこの世に遣わしたことと、数々の行いと言葉を残し、磔刑《たっけい》の悲劇を経て復活にいたったイエスの生涯である。その後六〇〇年以上もたってから、アラビア半島で一人のアラブ人ムハンマドに、再び神が啓示を下したことなど、キリスト教徒にとって知ったことではない。まして、イエスも預言者だが、ムハンマドは至高の預言者だというのだから、イスラムはキリスト教徒にとって邪教以外のなにものでもなかった。

イスラムの側は、ユダヤ教もキリスト教も、一神教の兄弟だと思っているから、先輩一神教の側は、後発のイスラムに対して敵意を募らせていった。一種の近親憎悪である。異教である仏教やヒンドゥーに対して、キリスト教はこれほどの敵意は示さない。遅れた地域の異教とみなし、先進的なキリスト教を伝道すれば、きっと改宗するに違いないと思っていた。

かつて、フランシスコ・ザビエルたちイエズス会士は、わざわざ日本までやってきて布教した。四五〇年以上も前に、アジアの東端にいる日本人にさえキリスト教を伝えることができた。なのに、隣のムスリムには布教できない。地域的にも、イスラム圏は、キリスト教ヨーロッパの周囲に位置する。

ムスリムは、イスラムがあとになって成立した分、前の一神教よりも自分たちの宗教のほうが良いと考えている。だから、古い一神教のキリスト教が、イスラム教徒の社会に伝道しようとしても不可能なのである。ユダヤ教は信者が世界じゅうに散らばったが、キリスト教は異教の地の人間に浸透した。その意味でキリスト教は世界宗教といわれる。それなのに、伝道できない相手（ムスリム）が何百年もたってから現れたのは、キリスト教にしてみればなんとも不愉快なことだっただろう。

ムハンマドは生身の人間

キリスト教徒が、イスラムを嫌う理由は他にもある。キリスト教では、イエスを「神の子」としたが、イスラムでは創始者のムハンマドを、神の子とは絶対にみなさない。ムハンマドは六世紀の後半から七世紀の前半にかけて生きた商人であり、神から人間へのメッセージ、つまり啓示を預かったところから預言者となった。だが、彼は完全に生身の人間であって、神性（神としての性格）はまったくない。

ムハンマド自身が、信徒たちに彼を神格化することを厳格に禁じている。イスラムでは、イエスも神からの啓示を授かった預言者とみなすが、生身の人間であることにかわりはないと考えている。だから、イエスの弟子たちが、しだいにイエスに神性を与え、「神の子」と呼ぶようになったことだけは、絶対に間違いだと信じている。

神の絶対性というものは、イスラムでは決して損なわれることがない。だから「神の子」などという存在はありえない。コーランには、「神が子をなした」とはなんたる罰当たりだと怒気を含んだ表現が出てくる。アッラー（神）が、ムハンマドの口を借りて「怒っている」のである。イスラムでは、ムハンマドも生身の人間なのだから、イエスも生身の人間だったはずだ、と考えている。

キリスト教徒のあいだにも、イエスが人間か、神の子か、それとも神と人と両方の性格を有しているかという点について、最初はさまざまな考え方があった。だが、キリスト教が西進して、ヨーロッパに根を下ろしていくにつれて、ビザンツやローマの教会は、イエスには、人性と神性との両方の性格（位格）があるという考え方が支配的になっていった。そして、神と子と聖霊の一体化という三位一体を教義の根本に据えていったのである。

コーランでは、キリスト教徒が、さかんに「三」（三位一体のこと）と言うことを批判している。イスラムは唯一神（アッラー）にしか神性を認めないから、徹底して「一」にこだわる。神以外に、信仰の対象があったら一神教にならないだろう、というのがイスラムの根本的な神に対する観念である。

イスラムという宗教は、イエスに神性などありえないと否定するから、後にヨーロッパを席捲していったキリスト教会からみれば、許すべからざる相手である。中世の教皇庁が十字軍を派遣して、聖地エルサレムをムスリムの支配から奪い返そうとしたのも、その動きの一つだった。

しかし困ったことに、イスラム側はキリスト教を嫌っていない。後のキリスト教徒が、イエスを「神の子」扱いするという「間違い」を犯しても、神が預言者としてのイエスを人間の社会に遣わし、啓示を伝えたという事実まで否定はしない。ムスリムは、いまでもそうだが、キリスト教徒に対して意外なくらい寛容である。

西欧キリスト教の反イスラム感情

それに、ムスリムたちが日常生活でつきあっていたキリスト教徒とは、西進してヨーロッパに広まったカトリックではなく、もともと中東の地に生まれた東方教会の人たちだった。東方の諸教会のなかで、正教会は一四五三年にビザンツ帝国が滅亡したときに、拠点であったコンスタンティノープルをイスラム帝国のオスマン帝国に征服されたくらいだから、両者の関係が良かったとは言えない。しかし、イスラム帝国は領内のキリスト教徒やユダヤ教徒を根絶やしにはしなかった。彼らもムスリムとともに現在まで生きつづけたのである。

ムスリムを仇役《かたきやく》にしたのは、もっぱらヨーロッパのキリスト教徒だったが、そのために、相手を敵視するための理屈を無理やりつくりだした。残忍で好戦的というムスリムのイメージもそうである。キリスト教の旗印を掲げて戦いを挑むにはちょうどいい。宿敵ムスリムが、キリスト教の聖地エルサレムを支配しているのだから奪回しなければいけない、とローマ教皇ウルバヌス二世が宣言したのは一〇九五年のことだった。エルサレムはイスラムが誕生して間もなく六三八年にはイスラム教徒の支配下に入ったが、ここでもキリスト教徒とは共存していたのである。

愛と平和の宗教であるはずのキリスト教を掲げて、イスラムを攻撃するには、自分たちとはまったく逆の価値観をもっていると断定する必要がある。キリスト教は平和の宗教だがイスラムは暴力の宗教、キリスト教は愛の宗教だが、イスラムは憎しみの宗教だと訴えなければならない。この敵視のレトリックは、西欧の教会において、その後、一〇〇〇年近くにわたって生きつづけてきた。

しかし、十字軍の対イスラム戦争は、そもそも筋が通っていなかった。第四回十字軍は、一二〇四年、こともあろうに東方キリスト教会のビザンツ帝国を攻撃したのである。

キリスト教が生まれたのは、地中海東岸のエルサレムであった。そこから、アンティオキア（現在はトルコのアンタキヤ）、アレキサンドリア（現在はエジプト）、ローマ（現在はイタリア）、コンスタンティノープル（現在はトルコのイスタンブール）などに広まっていく。いまでは、ローマを中心とするカトリック教会や、そのカトリックに叛旗を翻したプロテスタントが、私たちにとってなじみ深いキリスト教だが、そのいずれも、キリスト教が、西へ西へと進んで、「ヨーロッパのキリスト教」になったあとの姿である。

アンティオキアやコンスタンティノープルやエルサレムのキリスト教はどうなったのか。後に、イスラムが広がって周りをムスリムに囲まれることになったのだが、それで絶滅の危機に瀕《ひん》したわけではない。

たしかに、ムスリムが多数を占めるようになってから、ユダヤ教徒やキリスト教徒は、イスラム王朝に人頭税を支払って保護してもらうというかたちで生き延びた。ムスリムは人頭税を払わなくていいから、不平等な状況での共生である。しかし、税金を払わせるかわりに、イスラム政府は、キリスト教徒やユダヤ教徒の信教の自由を認めたし、共同体を維持することも認めたのである。

数は少ないが、ユダヤ教徒もキリスト教徒も、中東の地にいまだに生きている。ムスリムを憎んでもいないし、ムスリムもまた中東に根付いたキリスト教徒やユダヤ教徒を憎んでもいない。お互いの存在に敬意を払っている。では、パレスチナでの、あの血みどろの争いはなんだ、という疑問がわいてくる。その答えについては、あとで書くことにするが、宗教が異なるから衝突しているのではない。

キリスト教側からのイスラム敵視は、もっぱら、キリスト教がヨーロッパの宗教、西欧の宗教と化してから生まれたのであって、キリスト教誕生の地では、互いに憎みあっていないのである。

教皇ベネディクト一六世のイスラム敵視

二〇〇六年九月、現代世界のカトリック教会から、あからさまにイスラムを敵視する発言が飛び出した。かなり深刻な事件だったので、詳しくみてみよう。

九月一二日、ドイツを訪問中のローマ教皇ベネディクト一六世が、南のバイエルン州にあるレーゲンスブルク大学で講演を行い、そのなかで、イスラムに敵意をあらわにした。バイエルンはドイツのなかでもカトリックの影響力が強い。

ことの発端は、教皇が講演のなかで、六〇〇年も前のビザンツ皇帝のせりふ（対話集として残された書物に書かれていたもの）を聴衆の前で引用したことにある。ビザンツ皇帝マヌエル二世パレオロゴス（パライオロゴス）という人は、一四世紀の末から一五世紀の初頭にかけて、ビザンツ帝国の皇帝だった人物で、首都コンスタンティノープルを治めていた。コンスタンティノープルは、この皇帝の治世からまもなく、一四五三年にはオスマン帝国によって陥落させられ、以後イスラム帝国であるオスマン帝国の首都となる。ビザンツ帝国が一〇〇〇年の歴史に幕を閉じる寸前の皇帝が、マヌエル二世パレオロゴスであった。

教皇ベネディクト一六世が引用したビザンツ皇帝の発言とは次のようなものだった。

「ムハンマドが新たにもたらしたものは何だったのだ。それは邪悪と冷酷でしかなかった。たとえば、ムハンマドは剣によって教えを広めよと命じた」。

教皇自身の講演での主旨は、「信仰とは暴力によって広めるものではない。理性によって広めるべきものだ」という点にあったのだが、そのことを言うために、六〇〇年も前のビザンツ皇帝の言葉を引用する必要はない。

いまでいう「理性」というものを考えだしたのは古代のギリシャである。ビザンツ皇帝もギリシャ人である。そのギリシャ人が、「イスラムは、ムハンマドが暴力によって広めた宗教だ」と言っている、と引用したのである。つまり「イスラムは理性の敵である」と言いたかったかのように聞こえる。

ずいぶん無理な引用をしたものである。理性の祖を古代ギリシャの哲学者や科学者に求めるのは正しい。だがこのビザンツの皇帝は、古代ギリシャから千数百年もあとの人間で、しかもキリスト教徒である。今日、私たちが「理性」と呼んでいるものの雛形《ひながた》をつくったのは、キリスト教など影も形もない古代のギリシャ人であり、神殿の神々、神話の神々を信じるギリシャ人たちだった。ヒポクラテス、ユークリッド、アルキメデスなど、医学や数学、物理学の基礎を理性的に創造したのも彼らである。

ついでにいえば、その古代ギリシャの知恵は、直接、ヨーロッパには伝わらなかった。ローマは、理屈っぽい古代ギリシャの学問より、実践の諸学を尊んだ。では、誰が古代ギリシャの豊かな知恵をヨーロッパに伝えたのか。

実は、ニケーア（ニカイア）やエフェソスの公会議で異端にされてしまったキリスト教徒やユダヤ人たちが、だんだん東方へと渡っていって、バグダード（いまのイラク）を都とするイスラム王朝、アッバース朝のカリフ（王でありイスラムの正統な後継者）に保護されて、アラブ・イスラム世界に、その知恵の体系を伝えたのである。

ヨーロッパが、ユークリッドやアルキメデスなど古代ギリシャの「理性」を知るのは、それから数百年後の一二世紀ごろのことである。多くは、直接ギリシャ語の原典から学んだのではない。いったんギリシャ語からアラビア語に訳され（一部は古いシリアの言葉を経由してアラビア語に訳された）、それが一二世紀ごろに、ようやくヨーロッパの学問言語だったラテン語に訳されたのである。

ずいぶん遠回りして、古代ギリシャの文明はヨーロッパに伝わった。しかし、この遠回りがあったからこそ、アラブ・イスラムの文明と古代ギリシャの文明が交わり、後にヨーロッパ近代文明へとつながっていくのである。実に身近なところに、その痕跡《こんせき》をみることができる。英語のアルコール、アルカリ、アルゴリズム（計算法）、みなアラビア語起源の言葉である。「アル」はアラビア語の定冠詞。アルゴリズムは、アル・フワリズミという数学者の名前にちなむものだが、この人は二次方程式の解法を見つけた。こんなところにアラビア語が残っているのは、ヨーロッパが科学というものを、アラビア経由で学んだことの名残《なごり》なのである。

ところが、近代以降のヨーロッパの知識人たちは、自分たちの文明の先祖が、あたかも古代ギリシャにあるかのように言う。いまでも、そういう歴史認識は浸透している。アラビアの都、バグダード経由で「理性」を学んだことなんて、すっかり忘れてしまった。いや、単に忘れたのではない。一八世紀から一九世紀にかけて、世界の覇者となったヨーロッパが中東・イスラム世界を支配していくために、この歴史を消してしまったのである。教皇が、キリスト教徒となったビザンツの皇帝と「古代ギリシャの理性」を結びつけたのは、どうみても無理な話だった。それだけならともかく、イスラムの始祖ムハンマドを侮辱する皇帝の発言を引用したのである。

案の定、世界じゅうのムスリムは激しく反発した。イスラムの始祖であり、神の啓示を授かった預言者であるムハンマドを、「信仰と暴力を結びつけた」張本人だと断言されては、怒るのも無理はない。

教皇ベネディクト一六世が、「信仰と暴力を結びつけてはならない、信仰は理性と共存して広めるべきものだ」という普遍的な課題を説きたいのなら、六〇〇年も昔のビザンツ皇帝の言葉を引用する必要はなかった。オスマン帝国に包囲されて気息奄々《きそくえんえん》の状態にあったマヌエル二世なら、イスラムとムスリムに対して恨み言の一つも言いたかっただろう。実際、ビザンツ帝国は、彼の治世のころには、もはや風前の灯《ともしび》だったのである。

もう一つ問題がある。暴力と信仰との結びつきを批判したいのなら、キリスト教徒の十字軍にも言及すべきだった。十字軍は、中世の時代に、パレスチナにあるユダヤ教、キリスト教、イスラム、三つの一神教の聖地であるエルサレムを、統治していたムスリム君主の手から奪回しようという運動だった。第一回の十字軍で、聖地エルサレムに住んでいた多くのムスリムが虐殺された。これが、「信仰と暴力の結合」でなくて、なんであろうか。聖地を奪回するには、幾万の流血も辞さないとは、ひどく暴力的な話である。

十字軍は、その後、何度も派遣されたのだが、多くは、ムスリム側に撃退された。神の意志に従って聖地奪回を試みたキリスト者たちを殺害したのは野蛮なムスリムだ、という見方が、いまの教皇の頭のなかでは重要だったのかもしれない。しかし、キリスト教徒の十字軍は、エルサレムをはじめ今日の中東地域に対する敵対的行動のはしりであって、それを棚に上げてムハンマドを非難するのは、歴史認識として公平さを欠いている。

ベネディクト一六世の前の教皇ヨハネ・パウロ二世は、異なる宗教との対話と和解を生涯の課題としてきた。彼は教皇としてはじめて、イスラムの礼拝所モスクを訪れた。シリアの首都ダマスカスにあるウマイヤド・モスクである。それはイスラムとキリスト教との対話を象徴するできごとだった。

教皇庁の公式見解によれば、イスラムをキリスト教と同じく一神教の一つであると認め、対話を継続する方針である。だが教皇という存在は、カトリック教会の頂点に立つだけでなく、神の代理人だから、間違ったことを言えない。つまり教皇の発言は、一度なされてしまうと、撤回したり、謝罪したりできない。発言への批判を受けて、教皇本人も、教皇庁も「遺憾《いかん》の意」を表した。しかしそれは、あくまで「誤解されたことが遺憾だ」というのであって、教皇自身が謝罪したわけではないし、前言の過ちを認めたわけでもない。

2 キリスト教離れが生んだイスラム嫌い

支配と差別の構造

ヨーロッパにキリスト教が定着したあと、教会という存在は、巨大な権力と化していった。どんな権力でもそうだが、肥大し強大になるにつれて、内部からの腐敗という問題に直面する。人の生き方に規範を与える宗教を軸とする教会組織も例外ではない。カトリック教会に対抗して、プロテスタントによる宗教改革が起きたのもそのためである。さらに、一八世紀の末、フランス革命では、それまで人と社会に支配的な力を及ぼしてきたカトリック教会そのものが、人民の敵とみなされてしまった。

フランス革命の主役となった第三身分（市民）は、第一身分の聖職者と第二身分の貴族を敵に回して闘った。教会の高位聖職者たちは、第三身分にとっては、憎むべき支配階級だったのである。もちろん腐敗した聖職者を敵視したのであって、別にキリスト教を敵視したわけではない。だが、聖職者を敵とみなしていくうちに、彼らが説く教えからも徐々に離れていくのは、当然の結果だった。

実際、その後のフランスは、国家を絶対的な存在とし、教会を国家から切り離してしまった。教会と公権力が切り離されていく過程は、神頼みをやめて、人間の理性によってものごとを判断していこうとする、啓蒙《けいもう》主義の思想が生まれる歴史と重なっている。

神学は、森羅万象から人間の生き方にいたるまで答えを与える、玉座の地位からすべり落ちた。森羅万象のほうは科学が、人間の生き方のほうは哲学が、答えを出してくれることになったのである。啓蒙思想の普及に大きな役割を果たした『百科全書』の扉絵を見ると、神学は、「真理」のもとに跪《ひざまず》いている。真理に手を差し伸べているのは、哲学と理性であり、科学や芸術はすべて真理の下におかれている。神学は権威を失い、教会はもはや人々を支配することができない。人間もずいぶん偉くなったものである。

それにつれて、人々の行動や思考も、キリスト教的道徳から離れていった。キリスト教的な規範に縛られずに発想することは、人々に大きな自由をもたらした。啓蒙主義にひたった人々は、徐々に理性の優位を確信するようになった。そのことが悪いとは思わない。しかし、他方で神の教えに従い、神の御恵みにすがって生きる人を軽蔑《けいべつ》するようになる。

もちろんその軽蔑は同胞だったキリスト教徒に向けられたし、ユダヤ教徒にも向けられた。さらに二〇世紀の末になると、ヨーロッパに急増したムスリムの移民が狙い撃ちにされた。敬虔なキリスト教徒でさえ、啓蒙主義の人たちには軽蔑の対象だったのだから、中東やアフリカから移住した異教徒が、軽蔑と差別の対象にならないはずがない。

フランスだけでなく、西欧社会には、一八世紀以来の啓蒙主義が、かなりの程度まで浸透している。宗教と人間との関係でいえば、いまでも信仰に厚い人々はいるが、宗教とは無縁の生活をおくる人々が増えていった。迷信から脱却して科学や医学が進歩したように、啓蒙主義が人間の生活に大きな恩恵をもたらしたことは否定できない。社会制度においても、民主主義

『百科全書』の扉絵

をうながし、人権の拡充をもたらしたことも、啓蒙主義の大きな貢献だった。

しかし、である。個々が生まれてから死ぬまでの、「生きることへの想い」について考えると、啓蒙主義が幸福だけをもたらしたとはいえない。

信仰をもっている人は、ある意味で、楽に人生を生きていくことができる。困ったときには、神様に丸投げすることもできるし、現実的には、宗教指導者の判断を仰ぐこともできる。

信仰をもたないと、何ごとも自分の頭と理性で処理しなければならない。日本人の多くもそうだが、ものごとを全部自分で解決しなければならないということになると、なかなかしんどいものである。

頼れる神様を失ってしまうと、生きていくことの辛さを味わうことになる。近代以降、理性の人をめざすことが進歩だと思い込んでしまった西欧人は、いまさら後戻りすることもできない。こうなると、楽に生きられる人に対して、一種の妬《ねた》みを抱くものである。それが、同じ文明圏にあるキリスト教徒なら、妬みと軽蔑が混在したような感情で終わる。

ところが、相手がムスリムとなると、理解不能な相手だと思い込んでしまい、目障りになって存在そのものを排除したくなる。西欧では、神への絶対的服従を誓うムスリムを蔑《さげす》む人が多い。近代以降、神や教会から離れることで、押しつけがましい教義から自由になり、人間は自由を謳歌《おうか》できると確信してきたからである。

しかし、信仰を捨てて、そんなに自由になれるものだろうか。信仰をもたず、日々、ストレスと闘いながら生きている者が、少なくとも、丸投げできる神、すべてをゆだねられる神をもっている人間を、軽侮することなどできない。

神の居場所をなくした西欧

西欧では、道徳の基本はキリスト教に由来している。しかし、西欧では近代以降、教会が個人の表現や行動を規制できなくなっていった。教会と個人のあいだの関係だけではない。教会と国家との関係も、しだいに疎遠になっていく国が増えたのである。個人がキリスト教会から離れていくにつれ、道徳も個人の手にゆだねられていった。

国がまるごとカトリック教会と絶縁したのがフランスである。パリには荘厳なノートルダム大聖堂があるし、地方都市にも必ず美しいステンドグラスの大聖堂があるから、観光客として行くと、フランスはカトリックのキリスト教国だと思い込みやすい。

しかし、国家としてのフランスは、キリスト教をはじめあらゆる宗教から中立でなくてはいけない、という憲法原則をもっている。これを世俗主義という。「俗っぽい」という意味ではなく、宗教からの中立性の意味である。

フランス革命のころ、カトリックの聖職者たちは市民の激しい敵意を浴びた。教会と聖職者が、民衆を社会的に縛ってきただけでなく、租税の徴収などを通じて、経済的にも搾取してきたからである。だから、教会や聖職者は政治に口を出すな、という方向に社会が大きく動いていった。

その後、フランスはナポレオンのもとでは教会と国家の協約関係（コンコルダ）が成立したものの、共和制に戻ると、教会と国家の切り離しが徹底された。一九〇五年、ついに「国家と教会の分離法」が制定され、西欧のなかで、もっとも厳格な政教分離が実現されることとなった。

フランス独特の世俗主義のことをライシテと呼ぶ。公的空間を宗教から切り離し、中立性を維持させようとする原則のことである。フランス共和国は、「世俗的な国」であることを憲法で規定し、公的な空間への宗教の介入は厳しく禁止した。宗教（教会）が政治に口を出してはいけないという政教分離よりも幅が広く、個人も世俗主義の原則に拘束される。

個人が、宗教的な「お印」を公的な場に持ち込むことも禁止である。先生はもちろん、生徒も、「これみよがしな大きさの」十字架をぶらさげて学校に行くと、校門からなかに入れてもらえない。ホラーものの映画で、キリスト教の修道士が悪魔と戦うときに、大きな十字架を掲げて、悪魔を退散させようとするシーンがある。あんなに大きな悪魔祓《ばら》い用の十字架を持って歩いていたら、フランスでは役所や学校には入れない。

同じように、イスラム教徒の女子学生も、スカーフを被っていると学校のなかに入れてもらえない。もともと、禁止されていたのだが、ムスリム移民たちが信仰を表に出すようになった一九八〇年代からフランス社会には反発が広がっていった。二〇〇四年に、フランスは公立学校での「宗教からの中立」を厳守させる「宗教シンボル禁止法」を新たに制定した。狙いがムスリムの女子学生のスカーフやヴェールだったことは間違いない。法律では、「これみよがしな」宗教的シンボルを公的空間に持ち込むことを厳しく禁じた。この措置は、ムスリムの女子学生と学校側とのあいだに、いくつもの対立を生み出した。

ライシテの原則については、いろいろな意見がある。絶対譲れないという立場もあるし、個人の信教の自由を侵害するという批判もある。ただし、この法律にはダブルスタンダードがあったことに、疑いの余地はない。キリスト教徒の十字架がもつシンボル性は、大きさとは関係がない。大きな十字架を持ち歩くのは聖職者ぐらいである。大きい十字架のほうが小さな十字架よりありがたい、ということはない。当然のことながら、小さなロザリオは「これみよがし」ではないから、フランスの法律には違反しない。鞄《かばん》のなかに持っていても、もちろん問題はない。

しかし、女性の頭部を覆うムスリムのスカーフには、大きいも小さいもない。髪の毛を隠し、喉元《のどもと》や耳を覆うために着けるのだから、小さくしようがない。小さくできないものに対して、「これみよがしだ」と難詰するのはフェアではない。最初からムスリムのスカーフを「イスラムのシンボル」と決めてかかっているうえに、「これみよがしだ」と言われたら、どうしようもない。ムスリムの女子学生は、スカーフやヴェールを脱がないと、学校に通えなくなったのである。

フランスがつくりだした啓蒙主義は、ライシテの原則を生み出した。それがフランスにとって、いや、個人にとっての自由を勝ち取るために、いかに大切だったかも理解できる。しかし、いまのフランスでのスカーフ論争は、まるでライシテが「原理主義」と化したかの様相を呈している。

ライシテを守りたいのなら、当然のことだが、女性だけでなくムスリムの男性も「啓蒙」すべきである。ところが、宗教シンボル禁止法は、女性ムスリムだけをターゲットにしている。ムスリムの男には、これといった宗教シンボルを身に着ける規定がない。強いていえば、顎鬚と口髭《くちひげ》をつないで伸ばしていることぐらいである。だが、ひげをもじゃもじゃにするならフランス人をはじめヨーロッパの人たちもやる。だから、ひげをはやしていたら、公的機関に入れないという規定はない。だが、戦闘的なイスラム主義者は、どうみても男のほうに多い。こちらには服装を規制せず、女性にばかり「スカーフを脱げ」と迫るだけでライシテの原則が守れるとは思えない。

どうみても、先にイスラムへの嫌悪があり、なんとしてでもフランス固有の原則に従わせるために、結果としてムスリム女性がスケープゴートになってしまった感は否めない。

3　支配が生んだイスラム嫌い

支配の情動

一九世紀、イギリスやフランスなど西欧の列強諸国は、自分たちよりも力の弱い地域を植民地として支配していった。東から南にかけてヨーロッパと接しているのは、中東・イスラム圏である。

中東やアフリカの支配を企てたとき、イギリスやフランスは、妙な理屈を主張していた。人さまの家に土足で入り込んで支配するのが、道徳的に善ではありえないことぐらい、理性的なヨーロッパ人にはわかっていた。そこで、先住民を文明化し、啓蒙するという、いかにも優越感に満ちた理屈を携えて、アジアやアフリカに乗り出していった。だが、イスラム圏を「啓蒙」することはできなかった。ムスリムは自分たちが西欧人より劣っているとはまったく考えなかったからである。

そこで西欧列強諸国は、圧倒的な優位にあった軍事力や経済力で中東、アフリカ、アジアを分割しては植民地化していった。アフリカや中東の国境線を見ればすぐにわかるが、まっすぐな線が多い。ヨーロッパ諸国が、互いの利害を競った末に妥協して引いた結果である。

一九一六年のサイクス・ピコ協定はその典型で、今日の中東諸国の境界線は、おおむねこの線に従っていまも英仏両国が分割したときのままで残っている。国境線で区切られた枠のなかに、同じ民族や同じ文化を共有する人々が都合よく住んでいたはずはない。サイクスはイギリス人、ピコはフランス人の代表で、中東の地図を前に、こっちは俺のもの、あっちはおまえのものと線引きした当人である。

中東は、二〇世紀の前半、第一次世界大戦の前後にこうして分割された。英仏両国は、この地域を支配していたオスマン帝国と戦い、各地の民族運動を煽《あお》って背後から乗り込んだ。なかでもアラブの人々は、民族運動を起こしたものの、結局、自分たちの国をつくることは許されず、多くがイギリスとフランスの支配下(もしくは影響下)におかれた。そもそも、中東(Middle East, Moyen-Orient)という呼び名が示しているとおり、この地域呼称は、イギリスやフランスなど、西ヨーロッパの強国からみたときに、「中」で「東」にあたるのである。

一四世紀から一六世紀にかけてヨーロッパに版図を拡大したオスマン帝国の支配地域を、ズタズタに分割するための一連の戦略を「東方問題」という。英語ではEastern Question、フランス語でもQuestion d'Orientである。アラビア半島にいたハーシム家のフセイン、ファイサル親子をだまして、オスマン帝国軍と戦ってくれたらアラブ王国をつくりましょうと、せっせとアラブの領主に手紙を書いたのはイギリスだった(フセイン・マクマホン往復書簡、一九一五年)。

ヨーロッパで散々差別されてきたユダヤ人が、パレスチナに国家をつくろうとしたシオニズム運動を後押しすると宣言したのも、当時のイギリス外相によるバルフォア宣言(一九一七年)だった。シオニストのユダヤ人たちは、「ユダヤ人の国家」を欲しがったが、イギリスにとって、そんなことはどうでもよかった。後押しするふりをして、パレスチナを我がものにして、スエズ運河の東側を支配しようとたくらんでいたにすぎない。「ユダヤ民族のふるさと」(national home)をつくることを惜しみなくお助けしましょうという、慇懃無礼《いんぎんぶれい》な言葉の裏にこそ、バルフォア宣言の本音があったのである。

イギリスは、すでに、スエズ運河の西側にあるエジプトを支配していたから、両岸を自分のものにして、ヨーロッパからアジアへの輸送ルートの生命線、スエズ運河の支配を万全なものにしたかった。このバルフォア宣言が、後にイスラエル建国の根拠となり、今日まで続くパレスチナ問題の発端となった。

イギリスと手を組んだシオニストたちは、ヨーロッパやアメリカのユダヤ人たちだった。ナチスによるホロコーストの犠牲となったのも、ヨーロッパ在住のユダヤ人たちである。その未曾有の犠牲が、第二次世界大戦後の一九四七年、国連のパレスチナ分割決議をもたらし、一九四八年のイスラエル建国につながった。

だがそこには、中東の地でムスリムとともに暮らしてきたユダヤ人の声がなかったことに注目しなければならない。ダマスカスでも、イスタンブールでも、アンタキヤでも、ユダヤ教徒はムスリムやキリスト教徒とともに生きてきたことはすでに書いた。イスラエル建国の主役は、そういう、共生の経験をもつユダヤ人ではなかった。ヨーロッパやアメリカで、一部の人たちの成功と、多くの人たちの犠牲を払っていたユダヤ人たちだったのである。

第一次世界大戦とともにオスマン帝国も滅びることを予想して、イギリスといっしょに中東を山分けしようと計画したのがフランスだった。オスマン帝国は、第一次世界大戦でドイツ側についてしまうという失策をおかして敗北し、領土はあっという間に分割されてしまった。

フランスは、中東のキリスト教徒のバックにつこうとした。フランス自身は、第一次世界大戦のころには世俗国家になっていたが、長い歴史をもつカトリック教会をうまく利用して、少数者として中東で生きてきたカトリックの味方を装い、共生社会の分断を図った。トルコとシリアの国境にあるアンタキヤは、フランスが第一次世界大戦で敗れたオスマン帝国からもぎ取り占領した。シリアやレバノンにもフランス軍が入って、ムスリムに囲まれて苦しんできたキリスト教徒を解放するのだ、と主張した。

その策謀に乗ってしまったのはレバノンだった。宗派別に政治勢力を分けて争うことになったこの国は、一九七〇年代に激しい内戦に陥り、いまだに、宗派間の利害衝突を克服することができない。一方、アンタキヤはその後トルコ共和国に編入されることになり、フランスの分割統治から逃れた。シリアもまた、フランスの委任統治下におかれたが、ダマスカスやアレッポの市民は、社会を分断して統治するというフランスの意図を賢明にも見抜いた。フランスは、結局、東地中海地域では、レバノンに対していまだに影響力をちらつかせるが、他の国を支配することはできなかった。

もっとも、そのかわりに北アフリカのアルジェリアやチュニジア、モロッコなどマグレブ諸国を植民地化し、多くの利益をあげたのだった。

一滴の水を分けあうか、奪いあうか

一九世紀から二〇世紀の前半にかけて、中東を分割して支配するときにも、ムスリムの野蛮さや好戦性という「理屈」が使われている。凶暴で残忍なトルコ人を打倒するためにオスマン帝国を分割し、私利私欲に走って抗争に明け暮れる野蛮なアラブ人にまかせてはおけないから、統治はイギリスやフランスがいたしましょうというわけである。

半世紀ほど前に一世を風靡《ふうび》した映画に、『アラビアのロレンス』がある。いまでもDVDになって販売されている。イギリス軍の将校ロレンスが、アラブ民族運動に身を投じて、アラブ人たちを鼓舞し、オスマン帝国と戦わせて独立を夢見るのだが、イギリス政府の陰謀（前述のサイクス・ピコ協定）に失望してアラブを去る、というストーリーである。筋だけ追っていると、いかにもロレンスがアラブ民族に同情を寄せ、独立を助けてやれなかった失意のヒーローにみえる。素晴らしい映画音楽とともに不朽の名作である。

だが、このような筋立てそのものに、イギリスの政治的意図が透けてみえる。この映画では、一人の情報将校が、アラブ独立運動を支援した「英雄」に仕立てられることで、イギリスの帝国主義的野望を暴いたように描かれている。だが、注意してみると、アラブ人に対する偏見があふれている。ロレンスはよく頑張ったのだが、愚鈍で野蛮なアラブ人は部族の利害にばかり眼を向けて、高い志をもたなかったから独立国をもてず、イギリスに支配されたという描き方なのである。

映画のなかに、イギリス軍の情報将校だったロレンスが、アラブ人の案内人といっしょにラクダで旅をするシーンがある。沙漠の真っ只なかで、遠くからやってきたアラブの部族長が、井戸で水を飲もうとした案内人を突然、銃で撃つ。部族長の男は、彼の部族の所有する井戸で水を飲もうとしたから殺したと言う。ロレンスは嫌悪で顔をしかめるが、アラブの部族長は、これが掟《おきて》だと平然と言う。

このシーンは、「沙漠の民、アラブ人の残酷さ」をうまく表しているようにみえるのだが、実際には、相当上手に忍び込ませた偏見である。沙漠を行き来する遊牧民たちにとって、たしかに水は貴重である。映画では、「だから、一滴の水をめぐって彼らは命をかけて殺しあう」ことになっている。アラブ人のイメージとムスリムのイメージは重なりあう。

しかし、なぜ「だから、一滴の水を分けあう」と考えなかったのだろう。「困ったときには助けあい、一滴の水でも分けあう」のが、イスラム的道徳であって、ムスリム一般の感覚としては、このような殺しあいを正当化しない。私も、若いころ、シリアの沙漠で、通りがかりの遊牧民のテントを訪れたことがある。彼らは、遠来の客として私を歓待してくれたし、コーヒーをふるまってくれた。私は銃殺されなかったし、いまも生きている。こういうときに出してくれるのは、トルコ風のどろどろしたコーヒーではなく、苦味のエッセンスだけ抽出したのではないかと思うくらい濃厚で苦いコーヒーだ。熱暑で朦朧《もうろう》とした意識を瞬時に覚醒してくれる。

イラク国境に近いシリアの村を訪れたときも、最初はコーヒーでもご馳走《ちそう》になっていくかということだった。ところがほどなく羊が一頭、引き出されてきた。「まさか」と思っているうちに眼の前であっという間に解体され、それから数時間かけて料理され、結局、コーヒー一杯のはずが、一日、そこから動けないという事態に陥った。これが、沙漠での一期一会に対するアラブ人のもてなしの心である。

沙漠にいる人間は凶暴だという前提に立てば、『アラビアのロレンス』に描かれた暴力的な人間こそアラブ人だと思い込んでしまう。しかし、イスラム的な道徳のなかに脈々と息づいている相互扶助の精神こそ、イスラム的人間像の本質である。こういう姿を、西欧は意図的に見ようとしなかった。そして、一滴の水ぐらいで人を殺すというアラブ人像やムスリム像が、蔓延《まんえん》したのである。

西欧がさかんに宣伝してきた「アラブ人＝沙漠の民＝野蛮人＝イスラム教徒」という図式的理解には、相当な誤認と偏見が含まれている。『アラビアのロレンス』は、もっとも野蛮なアラブ人の姿を沙漠の民のなかに「発見」し、それを一般化することによって、中東への支配を正当化するという意図が巧みに織り込まれた大作だったともいえる。

コラム　沙漠の風土論が持ち込んだ誤認

荒々しいアラブ人像というのは、私たちの身近でも描かれていた。和辻哲郎の『風土』である。和辻は、アラビア半島の南端、イエメンのアデンに到達したときに眼にした景観を、次のように書いている。

人工的に町なかに植えた少しばかりの樹木を除いては、世界はことごとく乾燥そのものである。この乾燥が陰惨な山となり、物すごい砂原となり、巨大なるローマ人の貯水池となり、水を運ぶ駱駝《らくだ》となり、さらに遊牧となりコラン（筆者註：コーランのこと）となる、……一言にして言えばアラビア的人間となるのである。（岩波文庫版五七ページ）

乾燥の生活は「渇き」である。すなわち水を求むる生活である。外なる自然は死の脅威をもって人に迫るのみであり、ただ待つものに水の恵みを与えるということはない。人は自然の脅威と戦いつつ、沙漠の宝玉なる草地や泉を求めて歩かねばならぬ。そこで草地や泉は人間の団体の間の争いの種となる（創世記一三-六、二六-二〇以下）。すなわち人は生くるためには他の人間の脅威とも戦わねばならぬ。ここにおいて沙漠的人間は沙漠的なる特殊の構造を持つことになる。（二）人と世界との統一的なるかかわりがここではあくまでも対抗的・戦闘的関係として存する。（同五九ページ）

アラビアの半島に住む種々の族は、創世記の命名に従ってセム族と呼ばれているが、その包括するアラビア人、ヘブライ人、フェニキア人、アルメニア人などは、その性格や精神的特性において共通であり、言語もはなはだよく類似している。そうして、「このセム族のあらゆる精神的特質、その考え方、その宗教、その国家的制度などは、すべて沙漠の民族の生活条件から説明せられる。」（E. Meyer, Geschichte des Altertums, I. 2, S. 388.）（同六四ページ）

> 沙漠的人間の功績は人類に人格神を与えたことにおいて絶頂に達する。（中略）この人格神がいかに沙漠的であるかを顕著に示したのはモハメッドである。（中略）アラブ全体が一つの部族として「服従《イスラム》の統一」に到達した。そこで服従的・戦闘的なるアラブは、きわめて迅速に沙漠の外にいで、当時の文化世界のほとんど大部分を征服した。「アブラハムの神」はフイフイ教（筆者註：イスラムのこと）において服従的・戦闘的なる沙漠的性格を露出したと言ってよい。（同六八〜七一ページ）

和辻は、直接アラブ社会を知っていたわけではない。船での旅行中に、イエメンのアデン（当時はイギリス領）を通過しているが、そのとき目撃した光景を別とすれば、彼の中東に関する知識は、西欧の書物を通じて得られたものであろう。沙漠や乾燥という「風土的」条件が、そこに住む人間の価値観や宗教の原理を、みごとに形成していると説いている。

彼の説明を簡略にすると、沙漠→乾燥→服従的で戦闘的な人間像→絶対服従を強いる人格神→アラブ人→イスラム教徒という図式になる。これも、一見もっともに見えるのだが、事実そうか、と問われると、首をかしげざるをえないのである。

この文章は、昭和三年（一九二八年）に書かれたとあるから、当時としては、単なる紀行文の域を超越して、文明論を描いた画期的な書物だった。ただ、中東やイスラムに対する見方に関するかぎり、和辻の視点は、西欧的視点からの「沙漠や乾燥」にとらわれすぎている。

風土論的な説明というのは、気候環境のせいで人間や社会の性格が決まるというもので、なるほどと一見、わかった気にさせるものだが、その根拠となると、実にあいまいである。

和辻の説に立てば、先に書いたように、アラブ人は一つの井戸をめぐって争い、一滴の水をめぐって敵を倒すという、好戦的性格をもっていることになってしまう。だが、もう一つの現実、すなわち一つの井戸、一滴の水であるからこそ「分けあう」という、イスラム的道徳が実践される場面に遭遇していれば、違う結論が導かれたはずである。

和辻はフィールドワークをする学者ではなかったので、自説の根拠は、当時の西欧の学者によって書かれた書物に拠っている。これには、西欧世界が脈々と築いてきたイスラムと中東に対する偏見を、無批判に取り込んでしまう危険があった。最大の誤りは、たいして人が住んでいない沙漠から、この土地の文明や人間社会の性格を導き出そうとした点にある。考えるまでもなく、水のないところに多くの人が暮らすことはできない。沙漠に常住する人間など、ほとんどいないのである。遊牧民は、移動しながら家畜を育てるのだから、沙漠にいるわけではない。わずかでも緑のある場所を求めて動くし、家畜は最後に都市で売る。隊商たちも、沙漠を海のように渡りながら、都市と都市を結んで生活する。

実際、イスラムが生まれ、発達したメッカにせよ、ダマスカスにせよ、バグダードにせよ、カイロにせよ、豊富な水資源をもつ「都市」だった。周りは沙漠だが、水があったから都市が成立し、豊かな都市文明が育ったのである。イスラムもまた、メッカとメディナという都市で発達した宗教文明である。イスラムを乾燥と沙漠から説き起こすのは、もともと無理があった。

4　移民問題とイスラム嫌い

現代ヨーロッパのイスラム

いまのヨーロッパには、ごく大雑把な数字だが、二〇〇〇万を超えるムスリムが住んでいる。そのうち、西ヨーロッパや北ヨーロッパに移民として暮らしている人たちは、およそ一五〇〇万人、ボスニア・ヘルツェゴビナやブルガリアなどの東ヨーロッパ諸国には、オスマン帝国時代に移り住んだり、キリスト教から改宗したムスリムが、およそ九〇〇万人いる。ここに、コーカサスやロシアのムスリム人口を加えると五〇〇〇万を超える。ヨーロッパ大陸の人口の三〜四％がムスリムということになる。

それほど高いようには思われないが、注目すべき点は、西ヨーロッパ諸国の場合、もとからのムスリムはほとんどいないので、大半がアジア、中東、アフリカからの移民ということにある。

西ヨーロッパは、おおむねカトリックかプロテスタントのキリスト教世界だったが、前に書いたように、キリスト教や教会から離れていった人々も多い。そこに、二〇世紀後半からムスリムの移民が加わったことになる。いま西ヨーロッパにいるムスリムたちは、第二次世界大戦後に、不足していた労働力をまかなうために、地中海の周辺にあるイスラム圏からヨーロッパに渡った人たちと、その子孫たちである。

フランスには、地中海を挟んで南側の北アフリカから、多くのムスリムが移住した。かつてフランスの植民地だったアルジェリア、チュニジア、モロッコからの移民は、ほとんどがムスリムである。セネガル、マリ、ニジェールなど西アフリカにもフランスの植民地は広がっていたが、そこにもムスリムが多い。

イギリスには、かつて英領インディアだった現在のパキスタン、インド、バングラデシュからの移民たちがいる。彼らのなかにもムスリムは多い。インドというとヒンドゥー教や仏教を思い浮かべるが、実は一億五〇〇〇万ともいわれるムスリム人口を擁する。

イギリスとフランスは、かつての植民地から労働力を調達したために、比較的言葉の問題が少なかった。植民地支配をしていた時期に、現地の人々に英語やフランス語を教え込んだからである。

第二次世界大戦で敗れたドイツは、戦後復興のための若い労働力をとりわけ必要としていた国の一つだった。だが、ドイツは植民地をもち損ねたから、旧植民地から労働力を輸入することができなかった。戦後すぐの時期には、手当たり次第に周辺の国（東ドイツ地域も含めて）から労働力を受け入れたが、すぐに東西冷戦の時代に突入してしまい、ポーランドのような東ヨーロッパからの移住はストップしてしまう。そればかりか、ドイツ自身が東西に分割されたので、東ドイツからの労働力の調達もできなくなった。

そこで、社会主義や共産主義体制ではなかった地中海沿岸諸国から、外国人労働者をリクルートしたのである。筆頭はトルコだった。他にもギリシャ、イタリア、ポルトガル、スペインなど、一九五〇年代にはまだ経済発展が遅れていた国々からも、労働者がドイツに渡った。社会主義体制を採っていた東ヨーロッパのなかでは唯一、例外的にユーゴスラヴィアからの出稼ぎだけは、規制されていなかった。

ドイツの場合、植民地をほとんどもっていなかったから、旧植民地からの移民ではなかった。そのため、働きにやってきた人たちはドイツ語を話せなかった。これはなかなか厳しい問題で、ドイツに定住した移民たちが、言葉を話せないことから、社会になじめず、孤立化が進む原因となった。

その後、イタリアやスペインは急速に経済が発展していったので、それらの国からの出稼ぎ労働者たちはいつまでもドイツにとどまる必要がなかった。しかし、トルコ出身者だけは、母国の発展が遅れたため、他の国からの人たちが帰国しはじめても、続々とやってきた。彼らはほとんどがムスリムであった。

第四次中東戦争の影響

一九七三年、ヨーロッパのムスリムにとって、将来に大きな影響を及ぼす事件が起きた。中東でのアラブとイスラエル間の、第四次中東戦争である。アラブ側は、このとき石油を武器に使った。イスラエルの味方をする国には、石油を売らない（禁輸）措置をとったから、原油価格は高騰した。日本をはじめ非産油国はパニックに陥り、後に第一次石油危機（オイルショック）と呼ばれた。日本では、ガソリンスタンドにガソリンがなくなり、なぜかトイレットペーパーがなくなるという事態にまでなり、スーパーマーケットに買い物客が殺到した。

ドイツなどヨーロッパ諸国もこの事件をきっかけに、外国人労働者の受け入れを中止した。新規の労働者募集はしないことになったのである。しかし、すでに合法的に暮らしていた単身者が、家族を呼び寄せることは、権利として認められた。

ヨーロッパでは、離れ離れになっていた家族がいっしょに暮らすことは、広く基本的人権として認められているから、家族の追加移住は妨げなかったのである。とくに、家族の一体性をことのほか重視するムスリムにとって、労働者募集中止は大パニックを引き起こした。母国への送金は、十分な額に達していなかったからまだ帰れなかった。二度と家族と会えなくなるのではないかという思いから、妻や子どもをトルコから呼び寄せる動きが急速に活発化した。

最初のうちは、鷹揚《おうよう》にかまえていたヨーロッパ諸国の側も、そのうち事態の深刻さに気づいた。働き手だけが「外国人労働者」として暮らしている分にはまだよかったのだが、働かない家族、とくに子どもたちが社会に参加する準備は、どの国でも整っていなかった。

しかも、第一次石油危機のせいで景気は減速し、失業率が上がっていく。外国からの労働者を送り返したいときに、家族がどっと入ってきたのである。これをきっかけに、「遠くからやってきて、厳しい労働環境で仕事をしてくれる奇特な人たち」だった外国人労働者は、「ドイツ人の仕事を奪うし、失業したら失業手当で遊んで暮らしている邪魔者」に変わった。

受け入れ国の社会は身勝手なものである。この態度の急変は、ドイツだけでなく、外国人労働者を戦後の高度成長に利用した、西ヨーロッパ諸国に共通する。

ドイツは、外国人労働者たちが、いずれ帰国するだろうと高をくくっていた。たしかにヨーロッパ域内から来た人たちは徐々に帰っていったが、トルコからの移住者はその後も増えつづけた。新規の労働者募集が停止されたあとも、家族の呼び寄せや、難民・亡命者の受け入れは続いたので、気がついてみると、ドイツのなかに、ムスリム移民社会ができていたのである。ただしこの認識は、あくまでホスト社会の側からのものであって、彼らがいかに、辛い仕事に励む外国人たちを隣人としてみていなかったか、あるいはみようとしなかったかということだ。

過去二〇年ぐらいにわたって、ドイツ、オランダ、フランスなどの移民社会を、私は訪ね歩いてきた。一九九〇年代になっても、ドイツ社会へのトルコ系移民の統合はいっこうに進んでいなかった。二〇〇六年にベルリンを訪れたときも、〇七年に南ドイツのシュトゥットガルトを訪れたときも、一世のトルコ系移民は、愕然《がくぜん》とするぐらい昔トルコから出てきたときの服装のままだった。

もちろん、見た目には若い世代は違う。さすがに、トルコの村人のような服装はしていないし、ドイツ人の若者なのか、移民の若者なのか、即座にはわからないことも多い。トルコ系の人にも白人がいるからである。

だが、話してみると、トルコ人のメンタリティが色濃く残っていることがわかる。少なくとも、若い二世以降の人たちが、ものの考え方や価値観について、おおむねドイツ化したとは到底言えない。

ドイツ人にとっては、それがショックだった。そして彼らに対する敵意を増す原因になった。「ドイツにいるつもりならドイツの規範や文化を受け入れるべきだ」「ドイツ社会の価値観にもっと敬意を払うべきだ」。そう考えるドイツ人は、八〇年代から増えていく。

そこから、外国人排斥運動というドイツにとって不名誉な動きが出てきた。この国の場合、それが、かつてのナチズムの復活を願うネオ・ナチの主張として出てくるから深刻である。

一九九〇年、冷戦が終わりを告げ、東西ドイツが統一した。分断の悲劇が終わってもなく、難民や移民に対する敵意が暴力となって爆発しはじめた。難民収容所の襲撃、トルコ人移民家族への襲撃などが相次ぎ、統一の喜びもつかのま、ドイツが再びナショナリズムを高揚させて排外主義に向かうのではないかという危惧《きぐ》が、ヨーロッパじゅうに広まった。

一九九二年には北ドイツのメルンで、九三年には西ドイツのゾリンゲンでトルコ人一家が焼き討ちにあうという惨劇は、三〇〇万近くに達していたトルコ系移民を怒りと不安のどん底に陥れた。幼い子どもまで焼死させるという所業は、ムスリムのトルコ人でなくとも、およそ非人間的蛮行というべき以外のなにものでもない。

移民たちのイスラム回帰

そのころからドイツのトルコ人たちは、急速にイスラムに回帰しはじめた。ドイツ人はしょせん、ドイツ人の血を受け継いでいない人間を仲間とは認めないだろう。そういうあきらめの気持ちがトルコ系の人たちに、急速に広がっていった。

ドイツの国籍法は、基本的に「血統主義」を採っていて、ドイツで生まれたことでドイツ国民になる権利は与えていなかった。いまは、親が一定の条件を満たせば、子どもが二三歳満了までは、ドイツ市民と認めるようになったが、二四歳になるまでに、母国の国籍を捨てるか、ドイツ国籍を捨てるかの二者択一を迫っている。

あくまでトルコ人やクルド人（トルコ出身者には民族的にはトルコ人ではなく、クルド人も多い）であることを表に出していくのか？　もちろん、そういう民族への帰属を前面に出す選択肢もあったのだが、かなりの人たちはイスラムへの回帰によって、ムスリムというアイデンティティを前面に出していく道を選んだ。そのほうが、心の安らぎを得られたからである。「民族」というのは、国どうしで競ったり、争ったりするときには、高揚感をもたらすが、平時において心の安らぎを与えるには「宗教」のほうがはるかに効果的である。

イスラムへの回帰と書いたが、彼らはもともとムスリムである。ただ、母国のトルコが、フランス並みの厳しい政教分離と世俗主義を国是としてきたため、母国にいるときには、イスラムの教えから遠ざかって世俗的な生活をしても、なんの不都合もなかった。ちなみに、完全な世俗国家であるトルコでは、酒を飲むも飲まないも個人の自由、イスラム法では認める重婚も禁止、礼拝に行こうと行くまいと、個人の自由意志にまかされている。

そういう国から来たトルコ人たちは、最初のうちヨーロッパでは、自分たちの母国と同じように、宗教離れした生活をしてもなんの問題もなかったから気楽だった。むしろ、人間の欲望をいくらでも満たしてくれることを知って驚いた。だから、一人暮らしをしていた移民たちのあいだには、イスラムで禁じられている飲酒や女遊びや賭《か》けごとに、手を出していく人もいた。

ドイツ人がやりたがらない仕事を、懸命にやってきたのである。息抜きに、欲望に負けてイスラムで禁忌とされることに手を出したからといって、誰がとがめることができよう。実際、イスラムという宗教では、他人の信仰実践のありように口を挟むことは禁じられている。誰が真面目な信者で、誰が不真面目か、などということを詮索《せんさく》すると、まるでその人が他人の採点をしていることになる。聖職者が存在しないイスラムでは、誰かが神様の代理人のようになって、信徒を採点することなどありえない。

とがめられないと、今度は心配になってくる。とくに、家族が移住してきたあと、禁じられたことをしてしまった男たちは、道を踏み外したことを自覚し、逆にムスリムとして正しい道に励むようになった。前に述べたように、ムスリムとして信仰実践を正しいものにしていく努力のことを、「ジハード」という。

モスクに通って祈り、酒から遠ざかり、妻以外の女から遠ざかる。それだけではない。子どもには優しく、高齢者にも優しく、妻をいたわり、家族を食べさせるために、せっせと働き続けるようになる。

つまり、「良い人」になっていくのである。もともと敬虔な人は良い人（正しい行いに邁進《まいしん》するムスリム）だったし、それに加えて、けっこう遊んでしまった人たちも、良きムスリムへの道を選びはじめた。

しかも、移民たちを取り巻く状況は厳しさを増していた。ホスト社会からの敵意が高まっていくと、心の安らぎや癒しをイスラムに求めるようになっていった。モスクには、さまざまなＮＧＯ組織が付設され、子どもの教育問題、家族内の揉めごと、市役所とのやりとり、労働条件の改善などに取り組むようになった。それまで、主として労働団体や慈善団体がやってきたことを、移民たちが自らの手で行うようになったのである。イスラムの信仰実践の場であるモスクを舞台に、イスラム組織が活動を活発化させたことは、結果として、ムスリムとして正しい生き方をしようとする人たちを後押しした。

ドイツだけでなく、他のヨーロッパのムスリム移民たちも、同じころから「ムスリムとしての再覚醒」という現象を経験していく。きっかけになった理由は国によって違う。ドイツでは、「外国人であるための差別」がもとになった。ドイツという国は、多民族・多文化の共生にひどく不器用な国で、異文化とどうやって共生したらいいのか、ドイツ人たちにもわかっていなかった。だから、「居てもいいけど、居場所はないかも……」というようなことを平気で移民に言ってしまうところがある。

ドイツでもっとも多い移民であり、ムスリムであるトルコ系の人々は、この理不尽な扱いに対して、イスラムを盾にして閉じこもっていった。ムスリムとして正しい人になるにつれ、アッラーが自分を守ってくれるという想いが深くなる。どんなにドイツ人に蔑まれても、イスラムさえあれば自分を守れる。この意識は、いざとなれば、防衛的な戦いとしてのジハードにも打って出るという決意を育てることになった。

「寛容」が排斥にすりかわるとき

オランダやイギリスは、もともと移民が自分たちの文化を維持することに寛容だった。多文化主義を、制度として保障していたのである。ムスリムが自分たちにふさわしい学校をつくりたいと言えば、公費を支出して学校をつくらせた。ムスリムのための病院、ムスリムのための高齢者施設、ムスリムのためのメディア……。多文化主義を法律で定めて制度化する国の場合、こういうことは可能である。

一見すると、多文化の共生に適した制度であるかにみえるのだが、ここにも問題はある。異文化の維持に寛容だということと、異文化との相互理解を進めることは、まったく一致しないのである。ヨーロッパでは、イギリス、オランダだけでなく、スウェーデンなどの北欧諸国も、多文化主義にもとづく「寛容」を説いていた。よく、北欧が人権先進国といわれたのは、多文化主義のおかげといってもよい。

ところが、よく考えてみると、これらの国の社会では、同時に、個人主義、個人の自由というものが高度に保障されている。だから、他人から自分の生き方や価値観に干渉されることを強く嫌う。「自分は自分、他人は他人」という前提があったからこそ、多文化主義をとってきた。それが、二〇世紀後半に移民として社会に加わったムスリムにも適用されたのである。

そこまでは良かった。実際、一九九〇年代まで、オランダやスウェーデンで調査をすると、移民たちも、多文化主義による自由を謳歌していたし、民族差別や宗教差別も少ない「寛容な国」と証言していた。

しかし、二〇〇一年の九・一一同時多発テロ事件以降、事態が一変してしまう。ヨーロッパ社会では、ムスリムの移民に対する嫌悪感が、急速に高まった。「ここは自由の国だ。おまえたちのように、いまだに神にすがっているような人間の居る場所じゃない」「目障りだから出ていってくれないか」「ムスリムはテロリストの宗教を信じている」というたぐいの排斥感情が、わっと噴き出してしまった。ドイツでは、それに加えて伝統的なキリスト教徒からの嫌悪もあらわになっている。「ドイツはキリスト教の国なんだからムスリムは出ていけ」というのである。

私がフィールドワークをしていて、もっとも驚いたのがオランダの変わりようだった。九・一一のあと、オランダでは、ムスリム移民に対する暴行や暴言など、宗教差別に関する事件が急増したのである。オランダ人たちが口を開けば主張していた「寛容」は、どこへいったのだ？　私は、オランダの政治家や市民運動家に会うたびに尋ねた。

それでわかったのは、彼らの言う寛容には、他者への温かいまなざしなど、ほとんどと言ってよいほど含まれていなかったことである。個人の自由を最大限に尊重するという意味でのリベラリズムが、「イスラムとムスリムの存在が個人の自由を侵害する」という敵意の源泉になってしまった。考えてみれば、当然だったのかもしれない。日本語で寛容という言葉にあたる英語は、tolerance だ。この言葉には、「耐えられる」という意味がある。「自分たちに干渉しなければ、（他者は好きじゃないが）我慢できる」という意味で、オランダ人は自分たちを寛容だと説明していたのである。

九・一一以降になってオランダ人たちは、凄惨なテロを起こす人間たちが隣に住んでいると思い込むようになった。それまで相互不干渉で気にもとめなかったのに、突然、隣にテロ容疑者を「発見した」気分になったのである。

イギリスでも、二〇〇五年のロンドン同時テロをきっかけに、リベラル・パラドックスが問題になった。「ゲームのルールは変わった。イギリスに居たければ、この国のルールに従え」。テロ事件後、当時のブレア首相をはじめイギリス政府は、「寛容な多文化主義」がテロを招いたとして、ムスリム移民に対する「寛容な」政策を見直すことを宣言した。だが、その前に、自分たちが、隣人の生活や価値観を知っていたのかを問うべきだった。もともと隣人としてのムスリムと、ふつうにつきあっておくべきだったのである。それをしていなかったのに、アメリカのテロのニュースで、急に「危ない人が隣にいる」と思い込んで敵意を浴びせたのは、あまりにお粗末だった。

それ以降、ヨーロッパ各国では、移民に居住許可を出す際に、「統合テスト」を課す国が増えている。表向き、定住先の国の言葉もできないようでは、社会に統合できないという理由をつけて語学試験にみせかけている。しかし、ムスリム移民に対しては、ヨーロッパの文化や価値観に関する質問をテストに盛り込んでいる。

他人の価値観には干渉しないはずのリベラリズムを、ヨーロッパ社会は捨てたのか。表向き、そうではない。イスラムという宗教は、リベラリズムに反するから排斥しなければならないという方向に、世論も政府も急激に傾斜したのである。しかし、ムスリム移民を十把一からげにして、同化や服従を強いるのなら、彼らを社会統合することはできない。逆に先鋭化させて、テロのような暴力へ暴走する信徒を増やしてしまうことになる。

ここには明日の日本が経験するであろう問題がある。

日本は制度として多文化主義を採っていない。外国人も、郷に入っては郷に従えという意見をもつ人は多い。その一方で、ともに同じ人間なのだから文化の違いを乗り越えていっしょに生きていくべきだという声もある。どちらが正しいかが問題なのではない。移民を受け入れることになれば、日々、誰がどこまで協調すべきなのか、日本社会として譲れない一線はどこかを考えなければならなくなる。大切なことは、考えることを放棄して、感情的なナショナリズムや排外主義に傾斜しないことである。もし、そうなると、ヨーロッパやアメリカが陥ってしまった相互不信の連鎖に日本もはまってしまう。

第四章　すれ違いの相互理解

いまの西欧社会とイスラム社会とのあいだには、どういう溝があるのか。お互いを、どうしてここまで理解しなかったのか。政治的、軍事的、経済的、そして思想的な力でも西欧は、過去数世紀にわたって世界を席捲してきた。この力関係は否定しようがない。ここでは、優位に立ってきた西欧側が、イスラムの何を誤認してきたのかをみていくことにする。

1　イスラムは、女の敵か

一夫多妻の矛盾

一番よく引きあいに出される四人妻の話から始めよう。イスラムでは、一夫多妻が認められていて、四人までの女性と結婚できることになっている。逆の一妻多夫は認めないから、これは女性に対して、差別的な処遇ではないかということになる。

だが、考えてみればすぐわかるはずだが、この話には論理的な矛盾がある。もし、複数の妻との結婚が一般的に行われるなら、当然、結婚できない男が増えてしまう。イスラムが男性優位、女性差別の宗教だというなら、男性にとって不利な規定を設けるはずがない。そうすると、イスラムが男性優位、女性差別の宗教だという前提が間違っているか、複数の女性との結婚という現象が、一般的には存在しないかのどちらかになる。
イスラムでは、神の啓示を記したコーランを上回るような法の源はない。この件で、コーランにあるのは、以下のような規定である。

孤児《みなしご》に公正にしてやれそうもないと思ったら、誰か気に入った女をめとるがよい、二人なり、三人なり、四人なり。だがもし（妻が多くては）公平にできないようならば一人だけにしておくか、（後略）（コーランの引用は井筒俊彦訳『コーラン』岩波文庫版による。上巻、女の章、三節）

ムハンマドが生きた時代は、イスラムの宣教のための戦いの時代でもあった。戦争で夫を失い、孤児が残されることもあったのだろう。孤児とその母親を路頭に迷わせないために、別の男性が母親と結婚して母子を引き取ることを認めたのが、この規定なのである。しかも、複数の妻の処遇は平等でなければならないとされているので、決して男性に有利な規定ではない。したがって、四人妻は一般的に行われてきたはずがないのである。

複数の妻と結婚した場合、「平等に扱え」というのは、遺産の相続、子どもへの平等な処遇、果ては、ベッドを共にする回数にいたるまで、原則的に「平等」でなければならないということだ。そんなご苦労なことをあえてする男は、よほど奇特な人物か、大金持ちである。ついでだが、よく「第二夫人」とか「第三夫人」といういい方をするが、あれも誤解のもとである。「平等処遇」である以上、序列はない。

好戦性とならんで、西欧がイスラムに貼《は》り付けたもう一つのレッテルが、「好色」である。当然のことながら、男性が女性好きだという意味での話だが。たしかに、アラブ人にしても、トルコ人にしても、充実した性的パワーをもつことこそ、男子の本懐だと思い込んでいる人に出会うことは多い。

私が知るかぎり、アラブ人にしても、トルコ人にしても、相手が異教徒の場合、夫婦間以外の性交渉を厳しく禁じているイスラム的道徳がゆるみやすい。同じムスリムだと、たとえば街で女性に声をかけてナンパすることはない。単に、イスラムで禁じられているだけでなく、女性の家族は著しく名誉を汚されたと感じるので、刃傷沙汰に発展しやすい。ジダンのケースと同じである。

とくに、女性の父親と兄が危険である。トルコの新聞を読んでいると、ときたま三面記事にこの種の刃傷沙汰が出ているが、たいていの場合ナンパした男、つまり家族という共同体の一体性を破壊した者が殺される。

これを名誉殺人というのが、西欧諸国から非難の的である。個人の自由を親族の「名誉」や「恥」で規制することは、私にも容認できない。だが、どうしても個人主義よりも家族主義、共同体主義を重んじるムスリムの場合、この種の名誉殺人が発生することがある。名誉殺人だけをやめろと説いても、ムスリムには通じない。その背後にある家族主義への絶対視を緩和しないと、解決できない問題である。

ただしイスラムでは、同時に最悪の事態としての殺人を避ける知恵も多い。「何々をしてはならない。しかし、どうしようもないときは、他の方法で解決せよ」という論理は、コーランのなかにしばしば登場する。イスラムには、人間どうしの対立や衝突を回避させるために、「アッラー（神）の慈悲」を持ち出しているところが多い。欲望をむき出しにしやすい人間関係を平和に調停させるには、絶対者としての神が命じるしかない、という考え方を反映したものといえる。

コラム　日本人女性は要注意

異教徒、とくに旅行者相手の場合、女性の父や兄から返り討ちにあうリスクが少ないので、ナンパというイスラムで禁じられた行為に、つい、出てしまう。中東のイスラム圏を旅行した日本人女性がしばしば経験することだが、現地の男性が親切なので気を許していると、そのうち今晩つきあえだの、結婚してくれだのという方向に話が発展する。

イスラム教徒の男性が女性好きだという不名誉な評価を受けることには、それなりの事実がともなっていることを認めなければならない。たしかに相手が異教徒の場合、イスラムの行動規範の箍《たが》が、はずれやすい。ただ、男女の関係というのは、相互的なものである。嫌なら断ればいいだけの話であって、誘いに乗る女性の側にも、異文化に対する無知からくる無用心がある。

ナンパの末の不本意な結果を避けるために、有効な方法がある。ムスリムの女性が決してやらない行為をしなければいいのである。ムスリムの女性は、街で声をかけてくる男を絶対に相手にしない。その場で知りあった男と、一日、どこかへ遊びに行ったり、食事に行ったりすることも決してしてない。

したがって、日本人の女性旅行者も、突然自分に近づいてくる男性がいたら、かなりの確率でナンパ目的だと考えたほうがよい。大都市や観光地では地元社会の眼が届かないし、外来の人間も多いので、とくにこの傾向は強い。それなのに安易に誘いに乗ってしまうと、最悪の場合、身の危険にさらされることになる。

信仰実践の度が高い、つまり敬虔なムスリム男性の場合、相手が女性だと握手もしないし、むしろ遠ざけようとする。ムスリムの女性はもちろん、非ムスリムの女性に対しても、である。不親切なのではない。自分が欲望に負ける可能性があるから、自ら女性を遠ざけようとするのである。

私は、大学の講義で、女性がイスラム圏を旅行する場合、いや、イスラム圏でなくてもそうなのだが、見知らぬ男が声をかけてくる場合には、覚悟をもって相手をするようにと話している。とくに二人だけで食事に行った場合、男はベッドまでついてくる了解を得たものと思い込む可能性は高い。

繰り返しになるが、ムスリムの女性は、夫婦か婚約者でもないかぎり二人で連れ立って食事になど行かないから、男にしてみれば、「食事に行くようなことまでOKしてくれるなら、ベッドに入るチャンスは増大した」と考える。

日本なら、いっしょに食事をしたぐらいでベッドを共にすることまで期待するような男がいたら、勘違いもはなはだしいと一蹴《いっしゅう》されるだろう。だがイスラム社会では、そうはいかない。食事をした時点で、相手の期待値は相当に高まっているので、次のステップを断るのが難しくなる。断ると、いちいち難癖をつけたり、脅したり、泣き落としにかかってくる。このようなケースが蓄積されると、どうしてもムスリムの男性が女性好きだという印象を、外の社会に与えてしまう。

一つ付け加えると、ムスリムはふつう異教徒に改宗を迫ったりしない。コーランのなかで「無理強いは禁物」と繰り返し説かれている。しかし、外国でムスリムから押しつけがましい態度で「改宗しなよ」と言われた経験をもつ日本人女性は少なくない。これは、ムスリム男性からのナンパであり、改宗してくれれば結婚したい、という意思表示でもある。もちろん、ナンパ目的で改宗を勧めることなど、イスラムに反することはいうまでもない。そういうことになったら「神を敬う心は無理強いされて育つものではない、とコーランにもあるでしょ」と一言反論すればよい。

スカーフ問題への執念

イスラムが女性に抑圧的な宗教だと主張する人々が、必ず引きあいに出すのが、スカーフやヴェールなどの被り物と四人妻の話である。西欧では過去一〇年ほどのあいだに、女性のスカーフを「問題」として、執拗に攻撃する傾向が顕著になっている。フランスは二〇〇四年から、公立学校に通う生徒がスカーフやヴェールを被ることを厳格に禁止した。従わないと登校できない。ドイツでは、生徒に対する禁止規定はないが、教員がスカーフを着用することを九つのラント（州にあたる）で禁じた。
ムスリムの女性は、身体的に成人に達するころからスカーフやヴェールで頭髪を隠す。それは、成人した女性は性的特徴を表に出さないようにという、コーランの以下の記述が根拠とされる。

それから女の信仰者にも言っておやり、慎しみぶかく目を下げて、陰部は大事に守っておき、外部《おもて》に出ている部分はしかたがないが、そのほかの美しいところは人に見せぬよう。胸には蔽いをかぶせるよう。自分の夫、親、舅、自分の息子、夫の息子、自分の兄弟、兄弟の息子、姉妹の息子、自分の（身の廻りの）女達、自分の右手の所有にかかるもの（奴隷）、性欲をもたぬ供廻りの男、女の恥部というものについてまだわけのわからぬ幼児、以上の者以外には決して自分の身の飾り（身体そのものは言うまでもない）を見せたりしないよう。（『コーラン』中巻、光りの章、三一節）

「身の飾り」あるいは「隠しどころ」を守れというのだから、女性らしさを表す部位、陰部を隠せということになる。そんなことなら、日本でも、世界のどこでも、かなり共通に行われている。ただ、「女性の頭髪」を性的部位と認識するかどうか、だけが違うのである。

イスラム社会では伝統的に、女性の頭髪を性的魅力のある部位と考えてきた。いまでもそう考える人は、羞恥心《しゅうちしん》から頭髪を隠す。隠すために、スカーフやヴェールを着用する。もちろん、頭髪にはたいして性的意味合いはないと考えるムスリムの女性は、当然スカーフなど被らない。ただし、他の文化圏と比べると、頭髪が羞恥心の対象になると考える人が多いので、イスラムといえば女性がスカーフやヴェールで頭髪を隠す、ということが知られるようになった。

西欧での批判は、男性が女性をヴェールで覆い隠し、女性の自由を奪っているという点にある。だが、羞恥心は女性が抱いているのであって、男性が抱いているわけではない。頭髪に羞恥心を感じるかどうかは女性自身の感覚であることを、まず理解する必要がある。

ただし同じイスラム社会に生きているのだから、男性のほうも、女性が頭髪を隠すものだと思っている。したがって、もし女性が被りたくないと考えた場合、父親、兄、大などが「女性は頭髪を隠すものだ」と考えていると衝突が起きる。この場合は、たしかに男性側の強制が働くので、女性に対して抑圧的である。しかも男性には、イスラムに由来するこの種の服装規定がないので、女性だけが課されることになり、差別的である。

宗教的な理由というよりも、嫉妬心《しっとしん》から自分の妻にスカーフを被せたがる男は多い。貞節にみえるという理由で、娘にスカーフやヴェールを被せる父親もいる。子どもがそれに反対の意見をもっていると、厳しい抑圧を受ける。このようなケースについて、西欧側が「ムスリム女性のスカーフは、女性差別を表している」と批判するのは筋が通っている。

ここで一つ押さえておかなければならないのは、ムスリムの場合、人としての善悪、つまり道徳というものは、すべてイスラムからくるという点である。日本社会に生きていると、特定の宗教を信じていない人も多い。別に信仰をもたないから不道徳になるわけではない、ということを感覚的に知っている。

しかし、社会全体が一〇〇〇年以上にわたってイスラムにどっぷりと浸かってきた地域では、そうはいかないのである。イスラムというのは、人間生活のすべてにわたるルールを示しているから、何が善行で何が悪行かという規範は、すべてイスラムの教えのなかに存在することになる。そうでないと、神の絶対性が損なわれてしまうのである。そこで、他人の物を盗んではいけないとか、酒を飲んではいけないとか、不倫はいけないというような規範が、すべてイスラムに由来することになる。

コーランには、「身の飾り」「隠しどころ」を守れという規定しかない。大方のイスラム法学者に共通する解釈では、顔と手を除く部位はすべて恥部ないし陰部ということになっているらしい。そうは言っても、頭髪を隠さない女性は世界じゅうにいるので、そこでムスリムの女性にも、頭髪を隠すかどうか、自分で判断する余地が生まれるというのが現実である。

同じことは他の部位、たとえば足についてもいえる。足もイスラムでは原則的には恥部とされる。敬虔な信徒は、足首も含めてすっぽり覆うような長衣を身に着けている。

しかし、ムスリム女性のなかには、ロングスカートを穿《は》く人、ミニスカートを穿く人、ジーンズのようなパンツスタイルの人など、さまざまな人たちがいる。だが頭の上に乗せているスカーフやヴェールを問題にする西欧の人たちが、ムスリムのスカートの丈を問題にするのを聞いたことがない。

スカーフが、イスラム的道徳規範を象徴するというなら、足の露出も問題にしなければおかしい。しかし、足を覆うパンツにせよ、スカートにせよ、これは西欧社会でも、どこまで隠そうと個人の自由だとみなが思っているから、ムスリムに対しても問題にしない。それならば、髪の毛を覆うか否かも、非ムスリムの側から問題にするのは根拠に乏しい。

スカーフと原理主義

これは実態からいうのだが、髪の毛を出している女性が、酒を飲むか、婚前の性交渉も認めるか、といえば、そんなことはない。

西欧社会の側はひどく誤解しているのだが、髪の毛を出しているからといって、西欧風に世俗化したわけではないし、イスラムの教えから逸脱したことを意味するわけでもない。スカーフやヴェールを自分の意志で被っている女性は、絶対に酒を飲まないだろうし、結婚以外の男女関係も認めないことは確かである。だが、逆は必ずしも成り立たない。

西欧社会、とりわけフランスでは、とにかく「スカーフを取らなきゃ女性は解放されない」と思い込んでいるが、あまり意味がない。被っている当人に聞いてみればすぐにわかるが、ムスリム女性は、スカーフを外せば女性が解放されるなどとは誰も思っていない。西欧社会の思い込みというのは、異文化に対して、時としてあまりに傲慢である。

自分の意志で着用しているムスリム女性たちは、こう反論する。

「では、ミニスカートにタンクトップにしたら、女性が解放されるとでも言うのか」

「そんな姿は、女性の性を商品化しているにすぎないじゃないか。西欧のフェミニストたちも、性の商品化には批判的なくせに、なぜ、ムスリム女性がそれをスカーフと長衣で拒否すると、こんどはそれを問題視するのか」

いうまでもないが、日本の社会でも、流行とは関係なく、短いスカートだけでなく、スカートを穿かない女性もいる。そういう女性に、「あなたは遅れている」と言うだろうか。「ミニスカートを穿け」などと他人に強要すれば、間違いなくセクシュアル・ハラスメントにあたる。

西欧社会にも、カトリックの修道女のように、決して性的特徴を表に出さない女性たちがいる。彼女たちは、頭髪も覆っている。神に仕える以上、異性の関心を遮断する服装をしているのである。だが彼女たちに「あなたたちは遅れている。被り物を取りなさい」と要求するだろうか。

要するに、ムスリム女性が被るスカーフに対する批判というのは、イスラムに対する嫌悪感からきていることになる。女性差別の象徴だから脱がさなければいけない、というのは、一見もっともな意見に聞こえる。だが、その裏には強い反イスラム感情がひそんでいて、それを正当化するために、論理の通らない「スカーフ姿の女性の後進性」をしつこく言い立てるのである。

九・一一以降、西欧社会では、スカーフが過激な「イスラム原理主義」の象徴だと主張する傾向さえ強まった。だが、もう、この種の筋の通らない敵視はやめるべきである。たしかに、イスラム主義者の女性が頭髪をあらわにすることはないだろうが、被っている女性が、みな過激な原理主義者だとする根拠はまったくない。スカートを穿かない女性を「何々主義者」呼ばわりできるかどうか、考えるまでもないだろう。

最近、ムスリム女性側が声をあげて、自分の意志で被っていることを表明するようになったため、西欧社会は、「女性解放と文明化」を理由に「脱げ」と主張しても、効果がないことにようやく気づいた。それでも、彼女たちがスカーフを被ることを受け入れたくない。そこで今度は、自分の意志で被るような女は、原理主義者だと決めつけてしまったのである。

イスラムに対する態度に関するかぎり、西欧諸国は実に愚かだといわざるをえない。そんな主張を繰り返していたら、羞恥心から被っている女性たちを追い詰めるばかりか、アイデンティティを否定されたも同然だから、闘争心を掻き立て、結果として西欧への反感を強めるだけである。西欧がいう「イスラム原理主義者」を増やしている原因は、西欧社会の態度にある。

男性からの一方的離婚

イスラム法上は、男性からしか離婚を宣言できないことになっている点にも、西欧の批判の眼が向けられる。男が好き勝手に妻をポイ捨てするという意味に、勝手に解釈するからである。一見すると、これこそ女性に不利な規定であって、男女間の不平等を認めているかに思える。

しかし、実際にこの規定が適用されるには、その国の家族法や民法が、「イスラム法に準拠」していることが必要である。西欧法を導入したり、西欧法と混在させている場合には、離婚申し立ての権利を妻にも与えることになる。

しかも、純粋にイスラム法で離婚問題を扱うとなると、かなり複雑なことになる。現実には、離婚を宣言した男性が、イスラム法学者の前に呼び出され、本気で「妻と別れる」と宣言したのかどうかを問いただされる。喧嘩《けんか》のはずみで言ってしまったような場合には、罰金を支払わされるのは男性側である。

あるときＮＨＫの番組で、イスラム学の高等教育機関として有名なエジプトのアズハル学院に付設された「よろず相談所」で、こういうケースにイスラム法学者が判断を下す場面が紹介された。相談に訪れた妻が、「夫が、私に向かって三回『離婚してやる』と怒鳴ったのですが、これで離婚しなければならないのでしょうか」と尋ねている。イスラム法学者は、夫が本心からそう言ったのかを妻に尋ねた。妻は、夫婦喧嘩の勢いで「離婚だ」と口走ったと思うと答えた。法学者は、夫がカッとなって離婚を口走ったのなら、神をないがしろにするものであるから、一〇人の貧しい人々に食事代を支払えという裁定を下していた。

罰金といっても、国家に支払うのではないのである。嘘をついてしまったのは、神の命令に背いたことになる。したがって、その償いや罰もまた、神の定めるところに従わなくてはいけない。イスラムでは、こういう場合、神の下す罰として「貧者への施し」があるので、イスラム法学者は、罰金を貧しい人への食事代にせよと命じたのである。こういう判断は、イスラム社会でイスラム法がどのように運用されるかをよく表している。

イスラム社会の現実というのは、不公正が起こらないように、いろいろな工夫がなされている。ムスリムが私たちのものの考え方とは相容れず、ひどく女性差別をしているにちがいないというのは、これもまた、西欧がつくりあげた虚構の一つなのである。

こういう話をすると、必ず、「アフガニスタンで、イスラム原理主義のタリバン政権ができたときには、女性の教育を認めなかったし、女性の自由を奪ったではないか」「イスラム社会では、女性の自由な意志での結婚さえ認められていないではないか」等々の反論が出る。

こうした事例が多数あることは、もちろん私も知っている。たしかにタリバンは、極端なまでに女性の自由を認めず、女子教育をする学校を襲撃するなどの暴力を働いている。

だが、ああいう女性差別の処遇は、イスラム法に反するし、ひどく偏狭なイスラム主義者のあいだにしか通用しない。

現代の世界にとって、深刻な問題は偏狭なイスラム主義者を増やすことにある。ムスリムが暮らしている国で、社会的、経済的にしいたげられた人々を放置すると、この種の勢力が伸長するし、欧米が戦争によってムスリムを攻撃する場合にも、極端なイスラム主義者を増やす結果になる。

イスラム法が実際の生活で適用されるとき、男性に都合よく、女性に差別的な処遇が行われることがあるのは事実である。私も、イスラムが私たちの感覚でいう「男女の平等」を保障した宗教だとは思っていない。だが、その点を指摘するなら、キリスト教とて、男女平等にできてはいない。西欧社会は、それこそ二〇〇〇年をかけて、キリスト教のなかに含まれている女性差別と闘ってきたはずである。厄介なのは、西欧社会が、自分たちがたどってきた闘いの道を、イスラム教徒に押しつけてしまうことにある。キリスト教にはキリスト教の問題があったのだから、イスラムにはイスラムの問題があると考えないのである。

せめて、いっしょに考えようと提案するならよいのだが、イスラムは女性の人権を無視した宗教だ、と一方的に決めつけてしまうから対立がひどくなるのである。ひどく単純化してしまうと、イスラム社会のある一面だけを、針小棒大に誇張することになる。

それほど女性蔑視の宗教なら、どうやって人口の半分を占める女性の信仰を獲得できるのだろうか。男が無理やり信仰させるのだろうか。一四〇〇年ものあいだ、無理強いだけで信徒を再生産できるわけはない。先に書いたように、イスラムは、コーランのなかで、くどいくらいに「無理強いは禁物」と説いている。女性自身にとっても何か得になることがなければ、半数の女性信徒を得ることはできないはずである。

ムスリムの反論

ところで、ムスリムに、「おまえの宗教は一夫多妻で女性差別だ」と批判したとき、彼らがなんと反論するかを聞いているとおもしろい。

まず間違いなく返ってくる答えは、「では尋ねるが、西欧はキリスト教道徳のおかげで一夫一婦制をとる国が多いが、ホントに守っているのかね」というものである。

これを言われると、ぐっと答えに詰まる人は多いはずである。なにしろ西欧社会では、いまさら不倫などは、罪の意識も薄れている。日本でもかつては姦通罪《かんつうざい》というのがあって、不倫は刑法上の罪だった。だが第二次大戦後に、その規定は廃止された。いまでも、民法上の不法行為にはあたるが、不倫をしたら「罪人」扱いされるという時代は終わっている。

ここをよく考えてみよう。ある女性が、相手に妻があることを知りつつ不倫関係を続けると、正妻から損害賠償請求の訴えを起こされる可能性はある。もちろん、男性が、相手に夫がいることを知りつつ、その妻と不倫関係にある場合も同様である。

不倫している当人は、覚悟のうえかもしれないが、二人の間にできた子どもに謂われのない差別が降りかかってはこなかったか。

ここがイスラムとは大きな違いである。イスラムでは、男性が四人まで妻をもつことは、(孤児のことを案じたかどうかはさておいて) とりあえず合法としている。しかも、妻と同様、子にも平等な処遇を義務付けているから、どの妻とのあいだに子が生まれても、平等な処遇を受ける。

ムスリムは、一夫多妻を理由に批判されると、「不倫関係の結果生まれた子どもを差別的に処遇してきた西欧社会と比べて、どちらが公正か考えてみよ」と反論する。この議論では、ムスリムのいい分に一定の合理性がある。いくら一夫一婦といっても、実際には、守らないし、守らない結果、なんの罪もない子どもが、差別的に扱われるのでは、まことに不公正である。それを防ぐ手立てを、神はいまから一四〇〇年も前に定めたのだ——とムスリムは主張する。

こう言われると、キリスト教道徳が廃《すた》れたあとの近代社会がもつ社会問題への批判として正鵠《せいこく》を射ている。現代ではシングル・マザーにも平等な権利を保障する動きが出てきたので、非嫡出子の不平等問題は、少し緩和されてきた。だがイスラムは成立当初から、シングル・マザーにならない工夫をしてきたことになる。国に権利保障をさせるよりも、原因をつくった男に責任を負わせる、という考え方をとるのである。

最後に四人妻の実態だが、先に述べたように、現実的ではない。よほどの金持ちでないかぎり、これは難しい。さらに、イスラム世界といえども、国の法律がイスラム法に準拠しているかどうかによって、この規定が（国家の法に照らして）合法か違法かは異なってくる。

イスラム法を国家の法にしているサウジアラビアやイランでは、複数の妻をもつことは「合法」ということになる。しかし、国家の法律をイスラム法から切り離したトルコでは、「違法」になるのである。

ただし、そのトルコでも、「イマーム（宗教指導者）が認証した」という、原則的には違法な重婚が存在する。正妻が訴えて出れば、裁判所はイスラムとは無関係な民法によって裁くから、トルコでも重婚は違法ということになる。しかし、正妻が、「まっ、いいか」ということになると、重婚は社会的に認められてしまうのである。

なぜ、こういう二重基準が現実に存在するのかというと、イスラム法のほうがはるかに昔からあったのに対して、世俗的な法律は、いまのトルコ共和国が誕生したあとに制定された、たかだか八〇年の歴史しかないものだからである。イスラム法は、人々の生活にどっしりと根を下ろしているので、いまだ国家の法がすみずみまで行き渡らない。こんなところにも、イスラムが、内面的な信仰だけでなく、「法」としての外形的な行為規範をもつ宗教だ、という特徴が表れている。

2　イスラム国家は存在するか

イスラムの国とは

日本のメディアでは、「イスラムの国＝イスラム教国」という表現がよく使われる。サウジアラビアは、イスラムの国だから酒が飲めない。トルコはイスラムの国なのに、酒が飲める。そういわれると、どちらも、イスラムという宗教の教えが社会のルール、あるいは法律になっているようにみえる。

だが、実際は違う。サウジアラビアの場合、国の法律の体系がほとんどイスラム法に従っているから、イスラム国家といっても差し支えない。

しかし、トルコの法律は、イスラムにもとづいていない。トルコ共和国は、憲法で世俗主義、つまりおおやけの領分に宗教上のルールを持ち出すことを禁止するとはっきり定めているので、「イスラムの国」ではない。だから酒を飲むこともできるし、イスラムでは禁じられている賭けごと、宝くじや競馬もやっている。

では、どうしてこういう紛らわしい表現が出てくるのか。そこには、日本人だけでなく、欧米諸国にも共通する「イスラムの国」に対する誤解がある。トルコの場合に典型的だが、住んでいるのはムスリムでも、国の法律がイスラムに即していない場合には、イスラムの国とはいえない。トルコでは、イスラム法に従って生きたければ、そうしてもかまわないのだが、公的な領分にイスラムを出すことは憲法で禁止されている。トルコ国民の九五%以上はムスリムだから、「ムスリムの国」とはいってもいいのだが「イスラムの国」とは呼べないのである。

ここで大切なのは、国家に焦点をあててみるとき、「イスラムの国」というのは、イスラムの教え、つまりイスラム法が実際の法律のなかに入っているケースを指す。逆に、イスラムの教えが法律には含まれないなら、「イスラムの国」という表現は誤解を招いてしまう。

実際のところ、ムスリムが大勢暮らしている国のなかで、トルコが唯一、完全に「世俗国家」だとうたっている。公的な領分、つまり、議会、裁判、公教育、行政には、イスラムの教えが介入することはできない。

サウジアラビアやイランはその対極にあり、法体系はイスラム法に準拠しなければいけない。

他の国はというと、実際には、法律の一部分はイスラムの教えに従い、他の部分は従っていないという折衷型なのである。たいていの場合、国の法律のなかで、行政法や司法手続きに関する法律は世俗的（イスラム色なし）にして、民法のなかで家族法にはイスラム色を残していることが多い。住んでいる人間がムスリムだから、日常生活に密着している部分には、イスラムの教えを反映した法律を適用するのである。

酒の問題は、その国がイスラムの国を名乗らない場合、いい加減に処理されていることが多い。その国のなかでつくっている場合もあるし、輸入して売っている場合もある。逆に、イスラムの法を国の法律にしている場合には、つくるのはもちろん、輸入もダメということになる。この場合は、非ムスリムの外国人にも適用される。イスラムの法を外国人に押しつけているのではなく、その国の法律がイスラムに即しているから、結果的に法律上ダメということになるのである。

しかし、そうはいってもいろいろ抜け道はある。イスラム法を厳格に適用している国に、一滴もアルコールがないかといえば、そんなことはありえない。あるところにはあるのである。たとえば、ホテル内のバーのように、ムスリム市民の目につかない閉じた空間で、酒類の提供を黙認している国はある。

絶対命令と融通無碍《ゆうずうむげ》

いい加減な話じゃないか、と思われるかもしれない。だが、イスラムという宗教では、何度もいうように「無理強いは禁物」なのである。同じ信者といえども、他人の信仰実践をジャッジするようなことは原則的にできない。絶対的な権威をもつ「神の代理人」をイスラムでは認めない。イスラムには、神に代わって人の罪を許すような聖職者は存在しない。ムスリムの疑問に答えたり、争いごとに判定を下すのは、イスラムについて学識の深い人（法学者）であって、聖職者ではない。

現実には訴訟のように複数の当事者がいる場合、決着させるには判決を下さなければならない。イスラム法に典拠を求めて裁く法学者がその仕事にあたる。だが、誰が、どこまでイスラムのルールを守るか、それとも破るかは、結局、その信者本人が、死後、最後の審判を経て天国行きとなるか、地獄の業火に苛《さいな》まれるかの違いとなって表れる。

前に、ドバイのビーチで猥褻行為をしたとして起訴された、イギリス人カップルの話を書いた。異教徒といえどもイスラム法が適用されるドバイでの違法行為だから、厳罰にせよという検察側の要求が出され、結局国外退去で済ませるという、寛大な政治的配慮で終わった。この経緯にも、イスラム法の運用というものが、状況に応じて変わりうることが示されている。

イスラム法そのものは、非常に精密に法源に遡及《そきゅう》して判断を下すものなのだが、最後の結論になると、融通無碍にみえるところがある。イスラムの法の体系がいい加減なのではない。運用する際には、状況判断というイスラム法とは別の次元の判断がなされるのである。そしてこの状況判断は、時と場合に応じて厳しくもあり、寛大でもある。つまり、イスラムが日常生活のいたるところまで細かく規定していることも事実だが、規範に反したときに何が起きるかは、イスラムのなかにある二つの重要な要素によって決まる。

その要素とは、一つは「神の定めとしての絶対性」であり、もう一つは、その神自身が「あまねく慈悲深い」存在であり、人間の弱さを知悉《ちしつ》しているという点である。実際、コーランでは、一つの規範に対して、「何々をせよ」と命じているところと、「できなかったら仕方ない」と許しているところが混在している。
非ムスリムにもよく知られているムスリムの義務に「断食」がある。斎戒と訳すほうが意味にあっている。イスラム暦の九月にあたるラマダン月に行われる。ラマダンは月の名前であって、断食のことではない。およそ一か月のあいだ、日の出から日の入りまで、一切の欲望を絶てと神が命じたことはコーランに書かれている。少々長いが、該当する部分を抜き出してみよう。

これ信徒の者よ、断食も汝らの守らねばならぬ規律であるぞ、汝らより前の時代の人々の場合と同じように。(この規律をよく守れば)きっとお前たちにも本当に神を畏れかしこむ気持が出来てこよう。(この断食のつとめは)限られた日数の間守らなければならぬ。但し汝らのうち病気の者、また旅行中の者は、いつか他の時に(病気が直ってから、或いは旅行から帰った後で)同じ数だけの日(断食すればよい)。また断食をすることが出来るのに(しなかった)場合は、貧者に食物を施すことで償いをすること。

しかし（何事によらず）自分から進んで善事をなす者は善い報いを受けるもの。この場合でも（出来れば規律通りに）断食する方が、汝らのためになる。もし（ものごとの道理が）汝らにはっきりわかっているならば。（『コーラン』上巻、牝牛の章、一七九〜一八〇節）

コーランが、人々のための（神からの）御導きとして、また御導きの明らかな徴《しるし》として、また救済（または「善悪、正邪の識別」）として啓示された（神聖な）ラマザン月（こそ断食の月）。されば汝ら、誰でもラマザン月に家におる者は断食せよ。但し丁度そのとき病気か旅行中ならば、いつか別の時にそれだけの日数（断食すればよい）。アッラーは汝らになるたけ楽なことを要求なさる、無理を求めはなさらない。ただ汝らが所定の日数だけ断食のつとめを守り、そして汝らを導いて下さったアッラーに讃美の声を捧げさえすればそれでよい。そのうちに汝らにも本当に有難いと思う心が起きて来るであろうぞ。（同一八一節）

断食の夜、汝らが妻と交わることは許してやろうぞ。彼女らは汝らの着物、汝らはまた彼女らの着物。アッラーは汝らが無理しているのを御承知になって、思い返して、許し給うたのじゃ。だから、さあ今度は。（遠慮なく）彼女らと交わるがよい、そしてアッラーがお定め下《き》さったままに、欲情を充たすがよい。食うもよし、飲むもよし、やがて黎明《れいめい》の光りさしそめて、白糸と黒糸の区別がはっきりつくようになる時まで。しかしその時が来たら、また（次の）夜になるまでしっかりと断食を守るのだぞ。礼拝堂にこもりしている間は、絶対に妻と交わってはならぬ。これはアッラーの定め給うた規定《さだめ》だから、それに近づいて（踏越え）てはならぬ。このように、アッラーは人間にそのお徴を説き明かし給う。こうすればきっとみんなも敬神の念を抱くようになるかも知れぬとお思いになって。（同一八三節）

断食は、ムスリムが果たすべき五つの重要な義務行為なのだが、それでさえ、弱者への配慮だけでなく、「できるのにしなかった」という不埒《ふらち》な信徒に対する、償いの規定まで定められている。しかも、一日の断食が終わって夜になったら、飲食だけでなく欲情も充たせ、というのである。

非ムスリムの側からみると、矛盾しているようにみえるし、いい加減にもみえる。しかし、ムスリムにとって、これは矛盾でもなんでもない。神（アッラー）は、ほんとうに人間の弱さというものを知悉しているのだ、ということになるのである。つまり、だからこそ神は偉大なのだと理解する。

日の出から日の入りまでの断食は、北半球で夏の時期にあたると時間が長くなるから、相当に辛い。非ムスリムは、「厳しい戒律」と思っているが、ムスリムは、やせ我慢ではなく、ほんとうにラマダン月を楽しみにしている。神に試されているのは確かだが、ダメなら仕方ないし、守ったら夜が楽しみ（いろんな意味で）なのである。

前に偏狭なイスラム主義者がいることを指摘した。たとえばこのラマダン月に、昼間のあいだ、飲食店を閉めろと命じる人たちが、そういう人たちである。しかし、食べちゃうか、断食を守るかの判断は、コーランに従えば信徒にまかされている。だから飲食店を閉めろと強制するのは、イスラムの教えから逸脱しているとみることもできる。コーランには、神はなるべく楽なことを要求すると記されているし、そうすることで人間が敬神の心をもつと神自身が言っている。それなのに、人間の側が、敬神の心を育むはずの神の慈悲を拒絶するのは、傲慢な態度だからである。

レストランの店主にしてみれば、開けておいても客が来ないのだから閉めたいだろうが、病気の人や旅人が来たら、食事を提供することはイスラムの教えに反しない。実際、イスラム圏の国では、開けているところもあるし、閉めているところもある。それが、本来のイスラムの姿なのである。

国家がイスラムに従うことを明示している場合、つまり「イスラム国家」だとうたっている場合、政府は難しい判断を迫られる。政治が腐敗していたり、貧富の差が拡大を続けていたりという不公正がまかりとおっていると、イスラムによる世直し運動をする人たちは、ラマダン月になると、ここぞとばかりに政府を批判する。同時に、貧しい人たちのために、町中にテントを張って、無料で断食明けの夕食（イフタール）を提供するなどの活動に熱心になる。

ラマダン月は、辛いつとめを果たした分、神からご褒美がもらえることになっているから、みなが善悪の判断に鋭敏になる。だからイスラム組織はいっそう力を入れて、イスラム的な公正をアピールする。もちろん、政府側も得点を稼ごうとして、ラマダンのあいだは、いろいろなサービスに努める。行政側が無料で食事を提供したり、公共料金を安くしたりすることさえある。

中東の人＝ムスリムか

オイルショックにみまわれた一九七〇年代には、産油国＝アラブの国という印象があまりに強かったから、中東の人がアラブ人だと思っている人は、いまでも多い。さすがに、イランとかトルコという国が中東にあることは知っていても、なんとなく、中東の人の多くがアラブ人だと思い込んでしまうのである。

たしかに、アラブ人は、中東の文化を構成する主要な民族である。しかし、中東というのは、大雑把にいって、アラブ、イラン、トルコという三つの民族の文化圏からなる。

宗教で分けてみると、アラブ人は、意外なことに全員ムスリムというわけではない。キリスト教の歴史をたどってみると、そもそも、いまのイスラエルやレバノン、シリア、そしてトルコも、キリスト教が誕生した地域である。トルコは、その後イスラム帝国となったオスマン帝国の首都がイスタンブールに置かれたけれども、その前にはコンスタンティノープルと呼ばれていて、キリスト教のビザンツ帝国の首都だった。

トルコ国内で、世界遺産にも登録され、日本人観光客も多く訪れるカッパドキアには、キリスト教徒が暮らしていた遺構が残っているし、東南のシリア国境の町アンタキヤは、かつてアンティオキアと呼ばれ、初期キリスト教宣教の中心だった。いまでも各派のキリスト教徒が暮らしているし、ユダヤ教徒の村も残っている。

シリアやレバノンは、民族的にはアラブ人が多い国だが、相当数のキリスト教徒がいる。シリアでは、首都ダマスカスにも、第二の都市アレッポにも、ギリシャ正教徒、シリア正教徒、アルメニア正教徒、それに、カトリックやプロテスタントの人たちもいる。エジプトには、初期の段階に別れたコプトという、独自のキリスト教徒が暮らしている。

アラブ人というのは民族の呼び名になるが、アラビア語を話している人を指す。私自身も経験があるが、シリア沙漠の遊牧民と話していて、おまえはどこから来たかと尋ねられたので、「日本から来た」とアラビア語で答えたら、「それじゃおまえは日本から来たアラブだな」と言われた。東西の交易によって何千年も生きてきたアラブ人たち。アラビア語をリンガフランカ（共通語）としているかぎり、相手がどこの国から来ようと、彼らはあまりこだわらない。

中東の日常における共生

二〇〇八年の一二月に、トルコの東南部にあるアンタキヤという都市を、学生といっしょに訪れた。「キリスト教徒」という言葉は、この地で生まれた。聖書の使徒言行録にもそのことが出てくる。キリスト教は最初、ユダヤ教の改革派としてエルサレムで生まれたが、イエスの教えは、アンタキヤに伝えられた。

当時、アンタキヤはギリシャ語を話す人たちやユダヤ教徒が暮らしていたという。そこで、異教徒にイエスの教えを押しつけるのではなく、異教徒たちの暮らしにも溶け込んでいけるように、律法重視の教えから、柔軟な宣教の仕方に変えていった。教えを伝えたのは、初期キリスト教伝道の立役者ペトロやパウロたちだった。異教徒にも、イエスの教えを広める――つまり、このアンタキヤという町で、キリスト教はユダヤ人のものから、世界宗教への第一歩を踏み出したことになる。

いまのアンタキヤにはムスリムが多い。私たちが訪問したときは、ちょうどイスラムの犠牲祭の最中だった。町にあるギリシャ正教の教会の前には、「イスラムの犠牲祭おめでとう」という横断幕が掲げられていた。教会が出したのである。

町のいたるところに、ユダヤ教徒の店、キリスト教徒の店が隣りあっている。旧市街のバザールを歩いていると、金曜日にはムスリムの店が休み、土曜日にはユダヤ教徒の店が休み、そして日曜日にはキリスト教徒の店が休みだから、どの店がどの宗教の人かはすぐにわかる。バザールの金細工屋を覗《のぞ》くと、十字架、ファティマの手（手の形をしたムスリムのお守り）、ユダヤ教の星のペンダントトップ、すべて売っている。

宗教が違うと対立するのか。そんなことはない。クリスマスになれば、ムスリムも「クリスマスおめでとう」と声をかけるし、イスラムの犠牲祭では、キリスト教徒が「おめでとう」と声をかける。日常生活での共生というのは、あたりまえのことだが、このような日々の積み重ねのなかで育まれている。

ユダヤ教、キリスト教、イスラムという三つの一神教にとってふるさとのような都市は、このアンタキヤだけではない。イスタンブールには、東方正教会のコンスタンティノープル総主教座があり、アルメニア正教会の拠点もある。シリアのダマスカスやアレッポ、エジプトのアレキサンドリア、レバノンのベイルート、いずれの地でも、ユダヤ教徒、キリスト教徒、ムスリムがいっしょに暮らしている。

イスラム、キリスト教、ユダヤ教が混在していては、さぞかし衝突が絶えないだろうと思うのは誤解である。たしかに宗教は違うが、これらの地では、もともといっしょに暮らしてきた歴史のほうが長い。彼らのあいだに衝突を持ち込んだのは、一九世紀から二〇世紀の前半にかけて中東を分割して支配しようとしたヨーロッパ諸国、とくにイギリスとフランスだったことはすでに書いたとおりである。さらにさかのぼれば、キリスト教徒が「野蛮なムスリム」に包囲されて、惨めな生活をしていると吹き込んで、この地に争いをもたらしたのは、中世の十字軍以来、ヨーロッパだった。

共生を破壊してきたのは、西欧のものとなったヨーロッパのキリスト教会であって、中東に残っていた正教徒、ユダヤ教徒、ムスリムは、お互いを殲滅しようと戦いを起こしたことはない。実は、中東と呼ばれる地域こそ、一神教どうしの共生の原点だったのである。

いまのように、イスラエルとパレスチナが激しく抗争を続けていても、その隣のシリアやトルコ東南部の都市では、相変わらず一〇〇〇年の共生が実現されている。イスタンブールでユダヤ教の指導者（ラビ）と異なる宗教との共生について話したことがある。そのとき彼が言った言葉が忘れられない。「一九四七年まで、我々とムスリムとのあいだには、なんの問題もなかった。その後、濁った水で魚釣りをする人たちが現れた。そのおかげで、アラブ・イスラエルの対立が生じたのである」。一九四七年というのは、国連がパレスチナ分割を決議し、翌年イスラエルが建国されたことを指す。イスタンブールのユダヤ教の指導者がイスラエル建国に疑問を投げかけたのである。

いまのイスラエルとパレスチナの衝突を、あたかも宗教戦争のようにとらえるのが、いかに間違っているかを、ラビは説いた。

3　イスラムが説く「神への絶対的服従」とは

何ごとも神の御意志

宗教というものは、多くの場合人間に安らぎをもたらす。イスラムも例外ではない。考えようによっては、これほど人のストレスを回避してくれる宗教は他にはない。イスラムという言葉は、もともと神への全面的な預託、つまり神にすべてをゆだねてしまうという意味である。もちろん、多くの教科書などで説明されているように、神への絶対的服従と解釈することもできる。

だが、絶対的服従といってしまうと、そらみろ、やっぱりイスラムというのはヒューマニズムを軽視しているだろう、神に絶対的服従を誓うのだから、ということになる。西欧がイスラムを嫌う理由の一つは、このイスラムという言葉の解釈にある。人間の優位を認めない、神に服従するから人間性の大切さをみない、だからテロなど起こすのだ、というふうに、どんどん解釈はイスラムに敵対的になっていく。

絶対的服従も、全面的預託も、信者にとっては同じことである。全面的に自分という人間を唯一神アッラーにゆだねるのだから、日々の生活をどう過ごすか、人生をどう生きるか、についての規範は神の定めに従わなければならない。人間が自分や社会を律するためのルールをつくることは、原理的にできないことになる。

神の法を定めているのが、聖典コーランであり、預言者ムハンマドの生前の言動（スンナ）を記したハディースである。さらに、それらイスラム草創時の典拠にさかのぼれないことがらについては、後世、イスラムの学識に富んだ人々、ウラマー（トルコではイマーム）たちが、合意（イジュマー）にいたるまで議論を尽くし、その結果もイスラム法の源とすることになっている。典拠から合理的に推論すること（キヤース）も、法の源になると考える。

こうして、信者個人の行動の規範も、社会の規範、すなわち法律も神の定めに由来することになる。ただし、現実にムスリムたちが暮らしている国の法律というのは、宗教とは関係のない世俗法とイスラム法との折衷になっていることが多い。ムスリムである以上、神の定めた法に従う生き方が正しいことは確かである。こういう生き方をする場合、ものごとの結果も、神に帰すことになる。

ムスリムとして正しい生き方をしているのに、仕事で失敗した、試験に落ちた、というようなことは当然起きる。そうしたとき、さて、ムスリムはどう考えるか。自分のせいで悪いことが起きたとは考えないのである。

もちろん、勉強しなければ試験に落ちるだろうし、ずさんな経営をしていれば事業に失敗する。そんなことはムスリムもわかっている。しかし、あまりに予期せぬ悪い結果が生じたときには、神様が望まなかったのだから仕方ない、とあきらめるのである。

逆にいえば、事業が成功した、試験も受かった、と順風満帆のときにも、自分の才覚だ、自分の努力の結果だ、と過信してはいけないことになる。成功もまた、神様の御意志なのである。

この生き方は、私たち非ムスリムにとって、大いに学ぶべきところがある。最近の日本では、年間三万人以上の人が自殺している。仕事のストレス、勉強のストレス、人間関係のストレスなど、日本の社会には、あまりにストレスが多い。日本にかぎらず先進国の社会では、技術や経済が発展したからといって、人間的な幸福をもたらすわけではない。

イスラムというのは、このような発想の転換を本質としている宗教なのである。悪いことが起きると、しばらくのあいだわあわあ騒ぐのだが、しばらくすると、「まっ、神様が望まなかったのだから仕方ないか」と落ち着きを取り戻す。非ムスリムの私からみると、実にお気楽だなあと感じることが多い。

不幸の受け止め方

だが、深刻な事態になればなるほど、この思考メカニズムは、人にとって重要な意味をもつ。不慮の事故にみまわれたり、その結果、家族を失うという悲劇に際しても、結果を神に帰すことで、残された家族の悲嘆は軽減される。

ムスリムは来世を信じている。これだけは、どんなに日ごろの行動がイスラムに反していても例外がない。酒を酌み交わしながら、日本人は来世をどう思っているのだとトルコ人の友達に聞かれたことがある。酒を飲みながら言うなよ、と思ったが、イスラムで禁じられている飲酒も、飲むか飲まないかは、本来、信者自身の判断次第である。だから悪行と知りつつ飲んでいるのだが、そんなときでも、来世だけは信じている。

私は無神論者ではないが、特定の信仰をもっていない。当然、自分の死後について、不安がつきまとう。そのことを正直に言うと、友人は「そうだろ、だからイスラムは良いのだ」と言う。だがそれでも、入信しなよ、と説教されたことはない。酒を飲もうが飲むまいが、ムスリムは、来世を信じているし、誰しも天国に行きたいと願っている。「酒なんか飲んでいて天国に行けるの？」と聞くと、たいていは、「酒を飲んだって、俺は善行も積んでいる」と言い張るから、それ以上、私は何も言わない。

家族の死に際して、家族の絆というものを大切にするムスリムは、大変な悲しみに襲われる。これまで幾度となく、家族の死に直面したムスリムをみてきたが、しばらくのあいだは、大変な嘆き悲しみで、お悔やみの言いようもないほどである。

しかし、しばらくすると彼らには変化が訪れる。日本的ないい方をすれば、「死を受け入れる」ということになるのだろうが、どうも違う。人間の手が及ばない神の意志によって死を迎えたのだから仕方ないと解釈するのである。「残された者にとっては悲しいけど、天国に行けて良かったね」と自分に言い聞かせていくのである。周囲の人たちも、天国で永遠の楽しみが待ってるのだから受け入れようと諭す。

愛する人を失った悲しみそのものは、非ムスリムだろうがムスリムだろうが、変わらない。しかし、その人の死というものを、残された人間がどう受け止めるか、ということについて、ムスリムは、ある種の合理的思考をする。どれだけ悲嘆に暮れても死者は生き返らないし、残された者は生きていかねばならない。生きていくからには、不幸に苛まれつづけるのは辛すぎる。イスラムは、現世を生きている者には「楽」を与え、死者には「来世」を保証する。啓蒙主義者や無神論者は軽蔑するかもしれないが、これは、現代社会に生きる一人の人間として、すぐれた思考様式だと私は思う。

あるとき、学生の一団を連れて、トルコの観光地カッパドキアを訪ねた。近くの家の女性やその娘たちが、わらわらと寄ってきて土産物の人形を売りつけようとした。道をふさがれたことに苛立ち、私は手で振り払うように彼女たちを追い払っていた。

そのとき、突然、貧血で一人の女子学生が倒れてしまった。その瞬間、群がっていた物売りの一団は、売り物の人形を放り出し、彼女にかけ寄ってきた。母親らしき女性は、女子学生を抱きかかえ、娘たちに水とタオルを持ってくるよう命じた。みなで彼女の介抱を始めたのである。

ほどなく彼女は意識を取り戻した。周囲の人たちは、みな、良かった良かったとうれしそうに笑っている。そして、礼の金を受け取ることをきっぱりと断わった。土産の人形を買えとさえ言わない。

冒頭で書いた日本の芸能人のパフォーマンスが引き起こした暴動とは、まったく反対の現象が起きたのである。観光客は、いわば金持ちの強者である。その人が突然倒れたことによって「弱者」になった。その瞬間、ムスリムは見返りを一切求めないで弱者救済へと行動を一変させた。

本人にとって不幸なできごとが起きたときも、ムスリムは神の御意志だから仕方ないとあきらめる。自分たちが悪いわけでも、前世の因縁でもない。ちなみに、イスラムは、「前世の因縁」なるものを絶対に認めない。発想すら微塵《みじん》もない。ただただ、神の定めとして受け入れるのである。

辛い思いをしている人は、イスラムでは弱者とみなされる。弱者を助けることは、ムスリムの義務、それも神の定めた義務であるから、周囲の人間は弱っている人のために善行を積まなければならない。つまり弱者は、いわば周囲の人間が善行を積むために、神の意志でそこに存在するわけであるから、それほど悲嘆に暮れる理由がない。過度に嘆き悲しまずに済む思考回路が、イスラムには存在するのである。

イスラム的な弱者には、経済的に困窮している人々も含まれる。彼らを助けることは、西欧や日本でいう「人間の善意」ではない。神の定めた絶対的命令の一つなのである。だから、イスラム社会では物乞いに金を渡しても、彼らは「ありがとう」とは言わない。金をもっている「私」に善行を積ませてやっているわけだから、感謝などする必要がないのである。より恵まれた環境にある他者を来世で天国に送り込むために、弱者が存在するとも言える。

イスラムでは、自殺は大罪である。神によって与えられた命を人間が自ら絶ってしまうのは、絶対者たる神に対する究極の冒瀆《ぼうとく》だからである。だが、イスラムが自殺を禁じているからムスリムは自殺しないと考えるのは、ちょっと違うのではないかという気がする。

いくら禁じられても、あまりに辛い人生を歩んでいれば、いつかは、死んだほうが楽になると考えることもありうる。そんなときに周囲の人たちが、辛い境遇にある「イスラム的弱者」に、神の定めとして救済の手を差し伸べるメカニズムが働くなら、辛さを和らげることができる。しかも他者による助けに負い目を感じる必要がない。自分自身も、結果を神に丸投げすることで、気分を楽にすることができる。

つまり、イスラムという宗教は、辛い立場にある人間に対して、本人には結果を神に丸投げさせることでストレスを回避させ、周囲の人間には救済を命じることで助けることになる。この知恵の集積がイスラム、つまり「神への全面的な預託」なのである。

終章　ムスリムは何に怒るのか

何をしてはいけないか

ムスリムのあいだから、怒りで暴走し、テロを引き起こす過激派を減らすには何が必要か。ごく簡単にまとめれば、以下の三点である。

第一に、弱い者いじめ（とくに、女性、子ども、高齢者の殺害）をしない。

第二に、聖典コーラン、預言者ムハンマド、神を侮辱、嘲弄《ちょうろう》、揶揄《やゆ》、不適切なかたちで使用しない。

第三に、イスラムに由来する価値観や生活習慣を「遅れている」と侮辱しない。

憎しみと賞賛は一瞬で変わる

まず最初の、「弱い者いじめをしてはいけない」についてみていこう。

「そんな単純なことであるはずがない。イスラム原理主義者たちのテロは、どう説明するんだ」という疑問を抱く人は多い。しかし、この一〇年ぐらい、世界を覆ってきたイスラム過激派の脅威を無視できるのか――この問いに真面目に答えようとするなら、ムスリムを取り巻く状況の改善にしか根本的解決はない、と答えるしかない。

たしかに、敵と戦うには暴力も辞さないという過激派がいることは、事実そのとおりである。それでも、一般のムスリムを取り巻く状況が、いまより公正なものになり、少なくとも、高齢者や女性、そして子どもたちが、アメリカやイスラエルの攻撃で理不尽な死を迎えることがなくなれば、イスラム組織がテロなどの武装闘争に出る可能性は低下する。

パレスチナのハマスにせよ、レバノンのヒズブッラーにせよ、地域の住民があまりにひどい目にあわされてきたから成長したのである。近所に、イスラエルの爆撃で父親を失った家族がいたら、ムスリムは、なんとか残された家族を助けてあげたいと思う。災害ならまだしも、攻撃によって一瞬にして幸せな家族生活を奪われたら、その敵を倒そう、敵の社会も同じ目にあわせてやろうと思うのはムスリムでなくても同じである。

パレスチナ問題は、半世紀以上も、何が問題なのかはわかっていながら放置されてきた。ハマスやヒズブッラーの台頭は、宗教色のない民族解放組織PLOへの期待が裏切られたことによって、ムスリムの住民がオルタナティブ（別の選択肢）として、イスラム組織を選んだことを示している。

報復や復讐はいけないこと。平和な日本に生きていれば、子どもたちをこう説得することはできるだろう。いまの日本では「やられたらやりかえせ」という論理はおおやけには通用しない。

しかし、中東・イスラム世界は、到底、外部の人間が、報復はいけないなどと説教できる状況にはない。ムスリムが関与したテロや衝突について、日本でも欧米でも「眼には眼を」の世界だからテロの応酬が止まらないのだ、というコメントをしばしば聞く。はなはだ現実離れしたコメントである。

たしかに、イスラムでは、人から傷つけられたら、応分の復讐をすることは認められている。だが実際の社会では、ほとんどの場合、誰かが仲裁して決着する。イスラム世界の都市を歩いていると、時折男たちが激しく口論する姿は見かける。しかし、それはたいていの場合年長者が仲裁にはいり、話しあいで解決される。カッとなると刃傷沙汰になるのは、日本もイスラム社会も同じだが、私の経験では、日本よりイスラム社会のほうが、口喧嘩が暴力に発展する割合は低い。酒を飲んでいないせいもあるが、罵《ば》詈《り》雑言《ぞうごん》にしても、越えてはいけない一線をお互いに承知しているからである。

しかしながら、本書で何度も指摘したように、「弱い者いじめ」を国家が組織的にやるのは、絶対によろしくない。アメリカが、アフガニスタンやイラクで、カッとなって「テロとの戦い」を主張し、結果としてなんの罪もない民衆を犠牲にしたことは、その典型である。アメリカは、パレスチナでのイスラエル支援、アフガニスタンとイラクへの侵略と戦争で、おびただしい数のムスリムを犠牲にした。ロシアも、チェチェン紛争で同じことをした。旧ソ連も、アフガニスタン侵攻でムスリムを敵に回したが失敗した。

アメリカという巨大国家は、軍事力では取るに足らない相手に戦争を挑み、蹴散《けち》らす。これがよくないのである。本来イスラム過激派のテロ組織は、イスラム圏の国家の庇護《ひご》を受けられない。どの国家のいうことも聞かず、勝手にネットワークを組んで活動している。

テロ実行犯がムスリムである場合、母国であれ、移民先の国であれ、国家というものに対してまったく尊重する意志がない。自分の住む国、自分の母国、そして超大国が、世界のあちこちでムスリムを殺戮し、侮辱していることに対して、暴力で応えようとするのだから、どこかの国家に忠誠を誓っているはずがないのである。だからこそ、テロ組織には、徹底した捜査活動とピンポイントでの摘発が必要となる。

戦争というのは、敵を探し出して逮捕するという警察活動ではない。一つの国をまるごと軍事力で叩くのである。犠牲者の数を増やし、敵意を抱く者の数を急増させる点において、これほど粗雑なテロ対策はない。

戦争で敗れ、降参するのは「国家」である。国家は降伏するが、テロ組織は降伏しない。過激なイスラム組織を壊滅に追い込むことは可能だが、そのために戦争という手段を使うのは逆効果である。壊滅させたければ、過激な組織に若者たちが吸い寄せられない状況をつくりだすしかない。

ムスリムは、単発的に受けた被害や侮辱に対して、ふつうはいつまでも遺恨を抱かない。これも、相次ぐテロを目の当たりにしているいま、非ムスリムには納得しがたいだろう。だが、応分の復讐を認められてはいても、ムスリムは、復讐することによって、自分が被る損害を計算する。そもそも、イスラムでは、悪行を犯しても、善行によって「償う」ことが認められる。先にラマダンの規定について書いたところで触れたとおりである。もちろん、取り返しのつかない悪行は、死をもって償わざるをえない。棄教や、理由なき殺人は、取り返しのつかない悪行である。しかし、それでも、「あまねく慈悲深き神」にすべてをゆだねるムスリムは、たいていの悪行は、善行によって帳消しにできると考える。

この発想は、戦争のような、取り返しのつかない罪に対しても、ある程度まで機能するのである。さらに、神にすべてをゆだねるということは、いつか神が敵を罰してくださるという信念に通じる。現実には、自分が敵に立ち向かわなくても、誰かがジハードの戦いを続けるだろうという期待をもって、自ら暴力的反撃には出ないムスリムが圧倒的に多いのである。もし、そうでなかったら、いまごろ世界はムスリム対欧米諸国のあいだで、全面衝突になっている。

アメリカのやってきたことを是認しているムスリムが多いから、世界戦争にならないのではない。ムスリムは、誰一人、パレスチナ問題でアメリカがイスラエルを支持しつづけたことを公正とは思っていないし、イラク戦争を正しい戦争だったとは思わない。アメリカの力を前にあきらめているわけでもない。神にすべてをゆだねるがゆえに、他の誰かがジハードに乗り出すなら支援しよう、と考えているだけのことである。

二〇〇九年、八年間続いたブッシュ政権がオバマ政権に代わった。アメリカの有権者だけではない。中東・イスラム世界の人々、世界のムスリムも、オバマが候補者となった時点から、彼に大きな期待をかけていたのだ。

コラム　ムスリムはなぜオバマを支持したのか

アメリカのすべてが悪いわけではない。実際、中東のムスリムであれ、南アジアのムスリムであれ、アメリカのすべてを嫌っているわけではない。ムスリムには現実主義的なところが強い。アメリカのここは大嫌いだけど、ここは好き、というだけのことである。誰にでも成功のチャンスを与えるアメリカンドリームには、世界じゅうのムスリムも憧れる。

もともと移民国家として成立したアメリカだからこそ、出自の民族や宗教には関係なく、成功する人は成功するし、埋もれる人は埋もれる。少なくとも可能性を保証してくれる点では、ヨーロッパよりアメリカのほうが魅力的なのである。本書でもみてきたように、ヨーロッパのほうが、自分たちの価値観に従えという、強圧的な態度に出ることが多い。

二〇〇八年のアメリカ大統領選挙をみていると、ムスリムの現実主義というか、一種の楽観主義が、はっきり出ていて興味深い。中東に限らず世界のムスリムたちは、圧倒的にオバマ支持だった。

第一に、ブッシュ政権の中東政策があまりに単純で暴力的だったために、ムスリムたちはアメリカに失望していた。オバマは候補者のときから、イラク戦争の根拠が間違っていたことを指摘していたし、自分が大統領になったら、イラクから全面撤退すると宣言していた。だから、オバマの政策をよく知っていたからというより、誰がなってもブッシュ政権より悪くなることはないと、ムスリムはわりと単純に信じていたのである。

第二に、(これは今後かなり厳しい問題を引き起こすだろうが)オバマのフルネームが、バラク・フセイン・オバマだという点である。ムスリムのなかには、オバマはムスリムだと思っている人たちも少なくなかった。少なくとも、フセインという名は預言者ムハンマド直系の後継者に由来する、イスラム的な名前であることは間違いない。ファースト・ネームのバラクも、アラビア語のバラカ、イスラムでいう「神の恩寵《おんちょう》」を意味する言葉からきている。

しかし、彼はキリスト教の洗礼を受けている。これはどういうことだろうか。彼の父親はケニア出身で、オバマ大統領の名前からみてムスリムの家系だ。母親はクリスチャンである。両親は離婚している。

イスラム法上は父親がムスリムの場合、自動的に子どもはムスリムとなる。オバマの母親がキリスト教徒のままだったのは、イスラム法上問題はない。夫がムスリムで、妻が他の一神教徒（キリスト教か、ユダヤ教）である場合、妻は改宗を強制されないからである。ただし、逆は不可とされる。女性がムスリムで、男性がイスラム教徒でない場合、結婚に際して、男性がイスラムに改宗しなければならない。

オバマはイスラム法の理論上は、ムスリムということになる。子どものころ両親が離婚して、母親といっしょに暮らしたから、キリスト教徒になったというのは事情としては理解できるが、厳密にいうと、イスラムを棄教したとも解釈できる。棄教はイスラム法では死罪である。

大統領選挙の最中、多くのムスリムがオバマを支持したのは、オバマはムスリムに寛容な政策をとるに違いないと彼らが期待していたからである。

前のブッシュ政権は、イスラム世界にひどく敵対的だった。気に入らないことがあると、軍事力を振りかざして、テロとは無関係の人々を殺戮することさえためらわなかった。

そういう国が、大統領が変わったら、突然、イスラムに親近感をもつ国に変わるだろうか。

私はこの点について、懐疑的である。オバマが大統領になっても、アメリカのイスラエル寄りの中東政策が変わるとは思えない。イラクから撤退はしても、アメリカ政府が、犠牲となったイラク人に謝罪や賠償をすることはありえない。

ムスリム側は、根拠のないシンパシーをオバマに抱いていたように思える。ムスリムは過去に悪行を重ねても、後に善行を積めばそれでいいと考える。オバマに対する期待感は、ブッシュ前大統領とは違ってムスリムに対して善行を積んでくれるに違いないという「イスラム的期待」なのであって、現実のアメリカの外交政策や軍事政策を分析してのことではない。

オバマ大統領は、二〇〇九年四月、ヨーロッパ歴訪の最後にトルコを訪問した。国会での演説で彼はイスラム世界との融和を訴えた。ムスリムのアメリカ人がアメリカの繁栄に貢献し、他のアメリカ人にもムスリムを家族にもつ人、ムスリムが多数を占める国に生きた経験をもつ人がいるとして、「そう、私がその一人だ」と述べた。アメリカがイスラムを敵視しない理由として、自分の出自に言及したことになる。

多くのムスリムは、この発言に心を揺さぶられた。「やっと自分たちのことをわかってくれるアメリカ大統領が現れた！」。恐いのはこの点である。オバマが、ムスリムの期待に反してイスラエル寄りの姿勢を変えず、アフガニスタンをはじめ、他の国でもムスリムへの攻撃をやめない場合、オバマの出自が問題になってくる恐れがある。バラク・フセイン・オバマ。イスラム名をもつこの大統領が、イスラムに敵対的な政策をとったとき、ムスリムはブッシュ前大統領に対して抱いた以上の憎しみをもつだろう。そのときイスラム急進派は、オバマが棄教者であることを持ち出すに違いない。

オバマが選挙戦を戦っていたとき、各国のイスラム指導者たちに、この問題をどう処理するのか聞いたことがある。彼らは一様に、返答に窮していた。「子どものときにキリスト教徒に改宗したことまで、いちいち目くじらたてることじゃない」という妥協的な答えが多かった。

今後彼が、ムスリムに対して行うことになる「行為」をみてから判断しようというのである。それが良ければ改宗（棄教）問題は不問に付し、それが悪ければ棄教者として断罪することになるだろう。

好きになった相手が敵だったと知ったら、その反動としての怒りは大きくなってしまう。イスラムが、無用な争いを避けようとする平和的性格をもっていることは間違いない。しかし、それが一瞬にして暴力もいとわない怒りへと激変することがあるのも、イスラムの特徴である。

不用意な挑発がもたらす甚大な損害

してはいけないことの二番目、「聖典コーラン、預言者ムハンマド、神を侮辱、嘲弄、揶揄、不適切なかたちで使用してはいけない」については、数年前に典型的な事件が発生した。

ムスリムとの関係で収拾のつかないミスを犯したのは、意外なことにヨーロッパのデンマークだった。軍事大国でもないし、弱者やマイノリティの人権擁護には先進的だと思われてきたこの国に、いったい何が起きたのだろうか。

ことの発端は二〇〇五年の九月に、デンマークの保守系の新聞「ユランズ・ポステン」が、イスラムの預言者ムハンマドの風刺画を掲載したことにあった。全部で一二枚あったのだが、そのうち数枚は、ムハンマドを明らかに侮辱していた。このことが世界じゅうのムスリムに知れ渡り、デンマークの大使館や総領事館は襲撃や抗議デモの標的となった。

一枚は、ムハンマドが頭に巻いているターバンが爆弾になっていて、導火線に火がついているもの。

もう一枚は、天国の雲の上にいるムハンマドの脇に、「もう処女はいない」というせりふが書かれているもの。地上からは、黒こげになった自爆テロ犯が、次々と天国への階段を上ってくる。

後者は、ある程度イスラムの知識をもつ者による確信犯的な風刺画である。イスラムでは、最後の審判のあと天国に行ける者は、そこで清らかな処女たちに迎えられて、楽しく過ごすことになっている。そして、ムスリムを存亡の危機に追い込んでいる敵と戦って死ぬことは、防衛的ジハードとして認められる善行である。近年、自爆テロは跡を絶たないから、自称ジハードの戦士たちが次々に天国への階段を上り、ムハンマドが「もう処女はいない」と言うのである。この風刺画が、永遠に処女妻と楽しく過ごせるという、イスラムの教えを揶揄していることは間違いない。

自爆テロを起こす人々は、絶対に愉快犯ではない。敬虔なムスリムであることに加えて、おそらく何か身近な問題や将来について、どうあがいても展望が開けないところから、暴走し、自爆テロを敢行するのである。テロ自体は、イスラム的に考えても正当性があるとはいえないし、自爆をイスラム的文脈で合理的に説明できるはずもない。しかしこの風刺画は、ムスリムが天国の処女妻目当てに自爆テロに出ているかのように風刺した点で、ひどい怒りを買った。

ムハンマドのターバンが爆弾になっている絵については、いうまでもないだろう。イスラムの創始者である預言者を、テロリストのように描いたのである。この作者は、今後も急進派のムスリムに狙われるだろう。実際、二〇〇八年にも、イラストの作者に対する暗殺計画が発覚している。それを受けて、「ユランズ・ポステン」をはじめ、ヨーロッパのいくつかの新聞や雑誌は、表現の自由を守れと、また風刺画を掲載した。

どこまで愚行を繰り返せば気が済むのか。風刺画を再度掲載したことを愚行というのではない。許しがたい侮辱への応答が暴力的なものになるであろう、という判断をしないことが愚行なのである。表現の自由を高らかにうたいあげるなら、相手とテーマと、反応を冷静に判断してからやるべきである。

再掲載に対抗するように、同じ年の六月にはパキスタンのイスラマバードで、デンマーク大使館を標的にした爆弾テロが起きた。テロリストにも一分の理がある、などとはまったく思わない。しかし、コーランや預言者への侮辱は、ムスリムの激怒を抑制できなくさせることを、覚えておくべきである。

「ユランズ・ポステン」の言い訳と、暴力のエスカレーション

「ユランズ・ポステン」は、風刺画を掲載したときに、その意図を次のように説明した。自分たちデンマーク人は、いくらでも風刺や揶揄の対象になっている。風刺の対象にタブーはない。だからデンマーク在住のムスリム諸君も、同じように、風刺されたり、揶揄されたりする対象になりうるのだ。揶揄を許さないと、いつまでたってもデンマーク社会のなかでよそ者扱いされてしまう。

いい換えれば、移民であるムスリムたちがデンマーク社会に統合されるには、この種の風刺や諧謔《かいぎゃく》を受け入れるべきだ、というのが「ユランズ・ポステン」側のいい分であった。

本音かどうかは別にして、このいい分には、少なくともムスリムを敵視する意図はうかがえない。しかし、問題は別の方向に向かっていく。デンマークに駐在するイスラム圏諸国の大使は、デンマーク政府に強硬に抗議し、ラスムッセン首相との会談を要求した。だ

が、首相は会見に応じなかった。応じたとしても、言論の自由を尊重するデンマークの首相が、一新聞社が風刺画を掲載したことに対して、とやかく言えるはずはない。その点では、大使たちと会わなかったという首相の判断が、間違っているとはいえない。

しかし、問題はその後の対応だった。大使たちとの会見を断ったあとに、ラスムッセン首相が、この問題は「言論の自由」と「宗教的な原理主義」との対立だ、と発言したのである。

「ユランズ・ポステン」は、デンマーク在住のムスリムに向かって、「君たちも、私たちと同じように風刺を受け入れよう」と言ったのだが、首相は、「言論の自由vs.イスラム原理主義」に話をすりかえてしまった。こうなると収拾がつかない。首相が沈黙を守るか、あるいはせめて、首相としてマスコミの言論の自由は規制できない、という点に絞って発言していれば、敵意を受けるのは「ユランズ・ポステン」だった。だが、敬愛してやまない預言者をあからさまに侮辱したうえに、「言論の自由vs.イスラム原理主義」の衝突だと首相に言われたのでは、ムスリムの怒りはデンマークという国家に向かわざるをえない。

その後、シリアやレバノンをはじめ、いくつもの国で、デンマーク政府に対する抗議活動が始まり、大使館などの在外公館が襲撃される事態となった。イスラム諸国会議機構（OIC）も、ユランズ・ポステンという新聞社だけでなく、デンマーク政府の対応を非難した。ムスリム側の非難の矛先は、デンマーク政府へと変わったのである。だが、最初に問題の構造をすりかえたのは、ラスムッセン首相自身だったことを忘れてはいけない。

ここには、ジダンが「いつも悪意で挑発する者は罰せられない、挑発に暴力で反応した者だけが罰せられるのは不公平だ」と言ったことと同じ構造がみえる。挑発した側は、ジョークなんだから、話のネタなんだから……と主張し、反発されると、表現の自由を至高の価値だとして一蹴する。そして怒り心頭に発して暴力で反発すればテロリストと呼ばれる。いまの世界で、イスラムと西欧とのあいだに起きている暴力の応酬とは、突き詰めれば、こういうことの繰り返しなのである。

正しいか間違いかという次元の話ではない。誰だって、命に代えても守りたいと思っている存在を、あからさまに侮辱されて平静を保てるだろうか。何を言われても、暴力を振るったほうが負けだ、という言説は、私のように戦後民主主義の興隆期に子どもだった世代は、耳にたこができるくらい聞かされてきた。

この種の平和主義は、自分たちが暴力的になることを抑止するために、自らに言い聞かせる分には説得力がある。それは否定しない。

しかし、この種の平和主義を、数世紀にもわたって理不尽な暴力と抑圧のもとに置かれてきた世界のムスリムに向かって説いても有効性はない。右の頬《ほお》を殴られたら左の頬を差し出せという平和主義を象徴するような話が、新約聖書のマタイによる福音書（五－三九）に出てくる。しかしキリスト教化した西欧の、いったいどの国が、こういう平和主義を実践したというのか。実際、パールハーバーで右の頬を殴られたアメリカは、左の頬を差し出すどころか、殴った当事者である日本軍のみならず、膨大な数の市民を原爆や空爆で殺戮した。

中東のムスリムは、トルコ人でもアラブ人でもイラン人でも、アメリカによって日本に原爆が投下され、大変な犠牲者を出したことをよく知っている。アメリカと戦って敗れた日本が、ここまで復興し発展したことを率直に尊敬している。

しかし、中東地域のムスリムはいまのところ、産油国の一部の人々を除いて経済的な豊かさを享受してはいないし、不公正な状況も改善されていない。

にもかかわらず、暴力を止めろと非難され、民主化を説かれ、表現の自由を守れと批判され、女性抑圧の宗教だと非難され、欧米のスタンダードをグローバルスタンダードとして受け入れることを迫られるのでは、平和は実現しない。過激なイスラム組織に若者が吸い寄せられていくこと自体、希望のない現実においてのオルタナティブであることを、忘れてはならない。

コーランは神の言葉

コーランと聖書との違いはなんだろうか。新約聖書に限っていえば、イエスの生前の言動を、のちの福音史家たちが記したものである。これに対してコーランは、預言者ムハンマドに下された神の言葉そのものであって、弟子たちがムハンマドの言動を記したものではない。神がムハンマドに語りかけた、あるいは命じた言葉そのものとされている。神の定めた行為規範を示している点では似ているが、聖書のほうは、福音史家というイエスの弟子たちの手を経て書かれているのに対し、コーランは神の言葉そのもの、という点が異なる。

神の言葉が、どうやって書き記された書物のかたちで残ったのかといえば、それはムハンマドの教友や弟子たちが、口頭で伝承されたものを編纂《へんさん》したからである。コーランはアラビア語では、アル・クルアーンというが、この言葉は「声に出して読まれたもの」を意味する。神がムハンマドの口を借りて、直接人間へのメッセージや規範を示した、という意味である。

キリスト教の聖書は、弟子たちが書き留めたものであるから、当然、異本のたぐいが存在する。今日、多くの教会が公式に認めている福音書も、マタイ、マルコ、ルカ、ヨハネと四人の作者がいる。

コーランも、ムハンマドの死後には、おそらく弟子たちのあいだに異なる伝承があったのだろう。しかし、時間をかけてそれらを一種類にまとめていき、現在では異本の存在は一切認められない。絶対者である唯一神アッラーの言葉は、一種類しか存在を許されないのである。

果たしてそんなことがありうるのか、という疑問が出てくるが、イスラムの場合、預言者ムハンマドの生前の言動（スンナ）については、コーランに次ぐ宗教上の典拠となる、ハディースという書物にまとめられている。ハディースは何種類も残されているが、そこでは、ムハンマドを知っている誰々によれば、生前、ムハンマドはこう言った、あるいはこういう行動をとった、というかたちで伝承が記されている。あることがらについて、伝えた人によって異なる伝承もあるが、大きく矛盾するようなことはない。矛盾する伝承については、歴史のなかで退けていったのであろう。

したがって、神の言葉そのものであるコーランは、ムスリムにとって絶対的な存在であり、これを侮辱したり、風刺したりすることは、ムスリムには絶対に許せない。何年か前富山県で、礼拝所から盗まれたコーランが破り捨てられるという事件が起きた。ことの真相が判明する前に、ムスリムたちが激しい抗議行動を起こしたことはいうまでもない。あとになって、事件はイスラムへの敵意とはまったく関係なく、家庭内の揉めごとで、何か騒動を起こそうとした日本人による軽率な行動だったことが明らかになった。しかし日本在住のムスリムたちは、何よりも神の言葉が破り捨てられたことに激高した。

このとき、日本のイスラム指導者は、抗議行動を煽るよりも、ことの真相をきちんと解明させることが大切であると説いていた。イスラム指導者というのは、欧米諸国が思い込んでいるように過激な人ばかりではないし、騒乱を煽動するわけでもない。

政治的な騒ぎを拡大しようとする人もいれば、それを沈静化させようと努力するイスラム指導者もいる。起きた事件がイスラムに対する敵意によるものか、そうではないのかによって、騒乱の規模や激しさは変わってくる。ちょっと考えてみればあたりまえだが、これはイスラム固有の特徴ではなく、キリスト教だろうと、仏教だろうと同じである。

ここ三〇年近く、イスラムに対して敵意をもって、ムスリムが大切にする聖典コーランや預言者ムハンマドを侮辱する行為は、欧米諸国を中心に確実に増加する傾向にある。日本の場合、イスラムに対する敵意が大きいとは思えない。ジャーナリズムの分野でも、イスラム報道については、必ずしも欧米の追随をしてこなかった。だが、九・一一以降アメリカが「イスラム原理主義」の脅威をテロの脅威とほとんど同義で使うようになってから、日本のジャーナリズムや政治家も影響を受けている。報道機関も「イスラム原理主義」という用語を何のためらいもなく使うようになってきた。繰り返しになるが、「イスラム原理主義」という言葉はアメリカがつくったもので、ムスリムにとっては欧米のイスラムに対する偏見を象徴している。

万一、日本でコーランやムハンマドを侮辱する行為が組織的に行われたら、ムスリムの敵意は日本に向かう。そのとき日本は、イスラム過激派によるテロの標的となる。非ムスリムは、日本人を含めて、ムスリムが何を大切にしているかを理解していないことが多い。そのために、不用意な発言や表現によって、悪意はないにせよ、ムスリムを敵視したかのように受け取られる危険はある。

因果関係を信じない？

三番目の、「イスラムに由来する価値観や生活習慣を侮辱しない」という点は、なかなか日本人にはわかりにくい。すでに書いた「スカーフ問題」のように、欧米の社会は、まるで「坊主憎けりゃ袈裟《けさ》まで憎い」式に、イスラムの規範を嫌う。だから、ムスリムの行動様式を、よく理解できないという悪循環に陥る。

私もイスラム社会とつきあいだしたころ、納得のいかないことは多々あった。一つの例を挙げれば、粗暴な運転である。イスラムと粗暴な運転に因果関係があるというのではない。誤解を生むといけないので、少しまわりくどい説明をしておきたい。

アラブ人もトルコ人も前にスピードの遅い車がいると、抜かずにはいられない。たとえ、反対車線に踏み込んででも抜こうとする。「そんなことして、対向車が来たらどうするんだ」と怒鳴っても遅い。「俺の腕を信じろ。心配ない」という答えしか返ってこない。

助手席に座っていると、さらなる恐怖を味わう。おしゃべりしているあいだじゅう、運転手は、私のほうを向いていて、前を見ないのである。「そんなことしたら、追突するかもしれんだろ。前を見ろよ、前を」と私は怒鳴る。だが、運転席の友人は、「人と話をするときは、眼を見て話すもんだ。そうじゃなきゃ失礼だろ」と言う。「バカを言うな。それは車を降りてからにしろ」と言っても聞き入れない。

それでいて、道端に、事故を起こして大破した車が転がっていると、軽く舌打ちしながら「なんということだ」と、悲しげな顔をする。

ラッシュ時の交差点など悲劇である。四つの道から進入(侵入といったほうがよいかもしれない)してくる車の波が、交差点の中心で睨《にら》みあうのである。お互いにクラクションを鳴らし、威嚇《いかく》し、譲らない。まんなかに交通整理の警官がいるのだが、みんな、警官なんかいるから渋滞がひどくなるんだと言う。信号はあるけれど、ラッシュ時になるとみんな赤でも駆け込むから、警官がさばいていることも多い。

このカオスのような状況はなんだ。なぜ、この状況をなんとかしようとしないのか。秩序というものがわからないのか。ロータリーなんて、自分の車で回りだしたら悲惨である。度胸のない私は、一生ぐるぐる回りつづけて、放射状にのびる道のどれかに、突入することができない。

ムスリムには（西欧人や私たちがいうところの）合理的思考が行動に結びつかないところがある。因果関係というものを、さほど重視しないのである。

林檎《りんご》は神の御意志で落ちる

だいぶたってから、この結論の是非をムスリムと議論し、自分でも考えた。非ムスリムの側が、因果関係を理解せず無謀な運転を続けるやつは愚かだ、と結論づけるのは、もちろん可能である。欧米から来た人たちは、実際ムスリムをそうみている。

私は、詳細にムスリムの行動様式を分析した。「反対車線に踏み込んでまで前の車を追い越す」という行為は、どうみても事故の危険を考えれば、合理性を逸脱している。あたりまえだが、トルコの教習所でも「絶対にしてはいけない」と教える。トルコでの死亡事故の第一位は、反対車線に踏み込んで、対向車と正面衝突するという派手な事故である。それでも抜き去りたい衝動を抑えられないのは、どこに原因があるのか。

結論として、ムスリムは、私たちや西欧人に比べて、「因果律」というものを信じていないのではないか、と考えるに至った。

理解できないわけではない。わかっても、行動に反映されないのである。そんな粗暴な運転をしていれば、いつか交通事故を起こす。しかしながら、やめない、という行動様式は、原因と結果の関係を行動に反映させていないとしかいいようがない。スピードの出しすぎと事故とのあいだに、「相関関係」があることはムスリムにもわかる。しかし、因果関係というのは、ある原因があるとき、必ず決まった結果が起きることをいう。その意味でムスリムは、「因果関係」を重視しないのである。この傾向は、傍目《はため》に敬虔にみえようが、世俗的にみえようが、中東で出会ったムスリムにはほとんど共通している。

イスラムが、因果関係を行動様式に反映させない、というより、そもそも因果律というものを信じていないことには理由がある。本書でも何度も書いてきたが、神（アッラー）

は絶対者であり、全知全能の存在である。したがって神は、あるできごとを、原因から導く必要がない。「在れ」と思えば、そこに事物が「在る」。そういうことができるから絶対者としての神なのである。したがって、世のなかで起きることとは、神の御意志によるのであって、神の手を離れたところに「原因」があって「結果」が生じると考える余地が、そもそもイスラムにはない。

この、絶対者としての神の観念は、キリスト教やユダヤ教にも共通していた。中世のころまでは、ヨーロッパのキリスト教徒も、同じように考えていたはずである。一七世紀の後半に活躍したアイザック・ニュートンが、林檎が木から落ちる運動を方程式に書けることを思いつくまでは。

林檎の話は、一つのエピソードにすぎないが、キリスト教世界だった西欧が「神を捨てていく」プロセスを言い当てている。実際、ニュートンが『自然哲学の数学的原理』という本を書いて、万有引力の法則を数学的に体系化したことで、神の御意志は、西欧のキリスト教社会では「居場所」がなくなってしまった。物体の運動は、方程式で表せることになったから、神が物を動かすという説明に、誰も耳を傾けなくなったのである。つまり、西欧では、これ以後、「神の御意志によって林檎が地面に落ちてくるのではない」ということが「常識」になった。したがって、現代人は、「林檎が神の御意志で落ちた」と信じている人を馬鹿にする。物理の試験で、そんなことを書けば「間違い」とされる。

しかし、ムスリムは、運動方程式と万有引力で、天体の運動が決まるとは信じていない。もちろん、物理学でそうなっていることを知っているムスリムは、いくらでもいる。しかし、一般のムスリムは、おそらくそんなことを信じていない。神の御意志で決まると思っている。

私たちの社会で、「天空の星が神の御意志で地球の周りを回っている」と言ったら、相手にしてもらえない。しかし、西欧近代科学を学んだはずの私たちも、いったい何人が、地動説を天文学的に、あるいは数学的に証明できるだろう。

実際には、私たちの大多数も「天体の動きは、神の御意志ではなく、自然科学の法則によって決まっている」と信じているにすぎない。ムスリムは、そこのところも知っている。しかし、「なんでも科学でわかるのかね。ほんとはわかった気になってるだけじゃないのかね」と言う。どっちみち、自分で証明できないなら、神の御意志ということにしても、別に不都合はないからである。

ムスリムが自然科学を拒絶しているのではない。最先端の医療技術にも、ほとんど反対しない。キリスト教の一部会派のように輸血を拒否することもない。ただ、高度な医療で患者の生命が救われたとき、「神が救って下さった」という気持ちが必ずわき起こるのである。

この問題は、私たちがムスリムとつきあうとき、相互理解を妨げる原因となっている。私たちは、自然科学ならまだしも、社会科学でも、「原因があるから結果がある」ことを信じている。そうしないと社会科学は成り立たないとも信じている。

しかし、社会科学が対象とする人間社会は、神の御意志など無用だと思い込んでいる人ばかりではない。世界六五億の人間のうち、五人に一人はムスリムである。五人に一人が、因果律で社会が動くとは必ずしも信じていないのに、西欧起源の社会科学で、すべてを説明することはできない。

典型的な例を一つあげよう。イスラム過激派が起こすテロを「正気の沙汰じゃない」と決めつけてもよい。しかしそれなら、理性と合理主義を知っていたはずのヨーロッパが、なぜ二〇世紀に二度も世界大戦を起こして、合理主義者どうしで殺戮を繰り返したのかをムスリムにもわかるように説明しなくてはならない。

実際、社会現象となると、合理的な因果関係では、どうにも説明のつかないことなど、私たちの身の回りをみてもいくらでもある。日本の朝のワイドショーでは、毎朝、血液型でその日の運勢を決めてくれる。そんな非合理的かつ非科学的な内容を公共の電波で放送しているのは、妙なものである。もちろん私も、自分の血液型の運勢が良ければ、ちょっと喜ぶ。今日は何色がラッキーカラーと言われれば、少しは心が動く。それでよいじゃないか、と思うなら、ムスリムの発想を遅れていると決めつけることはできない。

いい男は糖尿病になる？

以前、不摂生がたたって血糖値が上がったことがある。必死の思いで食餌《しょくじ》療法と運動で二五キロ以上減量し、幸い、血糖値は正常を維持している。私は、西欧近代科学を学んだし、科学としての医学に合理性があると信じている。だから、血糖値が上昇した「原因」を理解したし、科学的に対処したのである。

日本の医者は、生活習慣病に関しては、ひたすら「原因」と「結果」を説き、患者を説諭する。病院での、糖尿病外来に行ってみるとすぐにわかる。「あなたは、こういう不摂生をしたから、こうなりました。このまま不摂生を続けると、このように重篤な病気になります」と必ず、図解入りの説明が貼ってある（注：不摂生と無関係に発症する型もあるので、一概にはいえないことも説明されている）。ただでさえ、気が重いのに「これでもか、これでもか」というほど因果応報を説いている。

摂生に努め、げっそりした私を一年ぶりに見たトルコの友人がニヤリと笑って言った。

「おまえのような甘い（いい）男からは、糖が出るものさ」

友人は、国立病院の内科部長である。私は、それまで、今日は何キロ歩いた、今日は何カロリー食べた、と神経質に高血糖の「原因」と闘っていたのだが、この一言は、私の頭を覆っていた鬱陶《うっとう》しい霧を吹き飛ばしてくれた。私は、久しぶりに心の底から笑った。

私は尋ねた。「トルコの医者は、糖尿病の患者にそんなことを言うのか。そんなこと言ったら、患者は摂生しないだろう」

彼の答えはこうだ。「私だって、西洋医学を学んだから、何が原因で、どういう病気になるか知っている。だが、弱っている患者さんを眼の前にして、因果関係をくどくどと言ってきかせるのは、非人間的だろ」

彼はムスリムだが、日ごろの生活では、酒も飲むし、馬券も買う（いずれもイスラムでは禁止）かなり世俗的な人である。だが、その一言には、確実にイスラム的な人間観がある。弱者を前にして、因果関係を説くことと、苦しみを和らげることとを天秤《てんびん》にかけ、後者を重んじるのである。

私には、ムスリムが因果関係を重視しないからといって、彼らの価値観や行動様式を軽蔑することはできない。まことに、ものは言いようである。この、「言いよう」の部分に、実に人間の苦しみを楽にしてくれる発想を内在させているところにイスラム的人間観の真髄がある。

逆に言えば、非ムスリムの側が、ムスリムは合理的な発想ができないと言って軽侮してきたことが、彼らの怒りの根底にあったと考えている。

「実るほど、頭《こうべ》を垂れる稲穂かな」。ムスリムと共存していくうえで必要な知恵を、日本人は知っていたはずである。

おわりに

九・一一から八年がたった。本書の執筆も後半にさしかかった二〇〇八年十一月、インドのムンバイで大規模な同時多発テロが起きた。二〇〇人近い犠牲者を出す大惨事となった。暴力の応酬はいまだに止まない。一つ一つのテロの実行犯と計画者を探し出し、罰することはいうまでもなく必要である。テロの「原因」を究明することも必要である。

ただ、イスラム過激派によるテロの場合、「原因」と「結果」の因果関係を追求しても意味はない。「テロ」や「暴力的ジハード」と「イスラム」とのあいだに相関関係があることに疑いの余地はない。しかし、怒り心頭に発したムスリムが必ずテロを起こすわけではないし、現実に彼らのなかからテロリストが生まれる確率は、いまだにきわめて低い。

西欧による、また、ムスリム自身の国家によるムスリムへの不公正な処遇は、何世紀にもわたって続いてきた。したがって抑圧が激しくなればなるほど、結果として暴力を誘発する。その意味で、相関関係はたしかにある。そして、過去三〇年の、西欧世界のイスラム世界に対する差別的態度や戦争は、この相関関係を強める原因となった。

しかし、イスラムを信仰することと、暴力的なテロとのあいだに「因果関係」があるか、と問うてもテロを根絶することはできない。そもそも本人たちが、信仰と暴力のあいだに因果関係があるとは、まったく思っていない。

イスラムは、公正、弱者への救済、人間の欲望と快楽など、ありとあらゆる面で、神の教えを説く。そこには、人の争いごとに関する記述もあるが、「理由なき殺人」は厳格に禁止されているし、イスラムの教えでさえ「無理強い」することが禁止されている。だから、ムスリム自身は、自分が教えにしたがって行動していることを「穏健」か「過激」か、と区別できない。単に、正しい道を実践しているとしか考えないから、イスラムが暴力の源泉であるかのようにいわれると、理解できないし、強く反発してしまう。

この点が、テロの問題をめぐって西欧とイスラムとが、堂々巡りの議論を続けてきた原因なのである。テロがイスラム過激派によるものだとしても、実行犯以外のムスリムはテロに対して怒りをあらわにする。同時に、ムスリムが迫害され、侮辱される状況にも、こぞって怒る。

ムスリムは怒りっぽい人たちではない。むしろ、悪いことを善いことで埋めあわせ、揉めごとは金銭でかたをつけるほうがずっと一般的である。そういうイスラムの思考様式、ムスリムの現実主義的な行動様式というものを、私たちはいまだに、よく理解していない。

大きな事件が起きると、「イスラム原理主義組織」「イスラム・テロ組織」の犯行とするアメリカの説が、大変な勢いで日本にも流れ込む。二〇〇八年末から二〇〇九年一月にかけて、イスラエルが「イスラム原理主義組織ハマス」を壊滅させるとして、パレスチナのガザ地区を激しく攻撃した。この衝突も、一見すると「ユダヤ教」対「イスラム原理主義」の戦いにみえる。では、ハマスは「イスラム原理主義組織アル・カーイダ」や「タリバン」と同じなのか？

ハマスは、たしかにイスラムを掲げて争っている。だが、本書でも書いたとおり、半世紀にわたって主導権を握ってきた宗教色のないPLOでは、いっこうに権利回復が進まなかった。その結果、希望を絶たれたパレスチナ人たちが、最後にイスラム的公正を求めてイスラエルに抵抗するハマスを選んだことを忘れてはならない。「イスラム原理主義」という同じ言葉で形容することによって、アル・カーイダもハマスも同じく脅威にみせようとすることは、果たして公正だろうか。

いま、起きていることは、イスラムという宗教の性格に原因があるのではない。イスラムの怒りの原因がどこにあるかを無視し、あるいは知っていながら悪意の挑発を続けてきた西欧の傲慢な態度に原因がある。衝突が起きてから、ムスリムの異質性を過剰に言い立てて、「イスラムは民主主義と相容れない」「イスラムは女性の人権を無視する」「だから武力をもってムスリムを啓蒙しなければならない」と、西欧諸国が主張するのは、植民地支配の時代と基本的に変わっていない。

本書を書き終えようとしているとき、アメリカではオバマ政権が誕生した。本書のなかでも、何度か、オバマ政権の中東・イスラム政策への懸念を書いた。たしかに、オバマ政権は、ブッシュ前政権よりも、対話を重視しているようにみえる。しかし、パレスチナに対するイスラエルの過剰防衛を、断固として支持すると明言した。次の最大の問題は、アフガニスタンへの介入強化とイラン問題である。

イランとは対話の姿勢をみせているが、むしろ危険かもしれない。ブッシュ政権とイランのアフマディネジャド政権は、罵りあってきたが、どこで相手が一線を越えるかをお互いにみていた。イラク戦争がなければ、イランに戦争を仕掛けたかもしれないが、アメリカにその余裕がなかっただけのことである。

オバマ政権がイランと融和的になるはずがない。イランは、イスラエルにとって、いまや最大の脅威だからである。イランとの対話というのが、イランに対して核開発やイラクのシーア派への支援中止、イスラエルを絶対に攻撃しないなどの条件を突きつけ、それを飲まないなら攻撃するということなら、事態はますます悪化する。

アメリカにとって最大の課題は、金融危機に端を発した経済危機にある。大規模な雇用創出と経済活性化を図るために、「戦争」を起こすというのは、ありうる選択肢の一つである。ブッシュ前政権と違って、不確かな根拠で戦争を始める愚は冒さないだろう。だが、もっともな理由を立てて戦争をすると、あとで引き返せなくなる。いずれにせよ、「戦争」という手段を用いるなら、女性や子どもが犠牲となり、再び世界じゅうに「イスラムの怒り」を拡散させることになる。

あとがき

私が本書を構想したのは、ムスリムの側が、何に怒るのかを、非ムスリムの側から冷静に見極める必要があると考えたからである。ムハンマド風刺画事件のあと、東京でかつての教え子の川田恭子氏に頼まれて「出版・人権差別問題懇談会」の講演に呼ばれた。二〇〇人を超す聴衆が集まった。「何をしたら危ないのか」。彼らが聞きたいのがそこにあることは、よく承知していた。だが、私は、問題を起こさないためのノウハウよりも、ムスリムにとって、命にかえても守る一線とはなんであるのかを話した。

その後も、ムスリムが関与したとされる暴力は跡を絶たない。しかし、彼らの怒りがどこにあったのか、という関心は徐々に薄れ、「原理主義者ゆえの暴力」へと話は単純化されていった。ムスリムは、自分から進んで暴力に出ているのではない。

たしかに、暴力的な応答ではあるが、その原因を考える姿勢を崩したら、それこそ「文明の衝突」は避けられない。

本書は、そのときの聴衆だった、集英社新書の椛島良介氏と池田千春氏の勧めで書きはじめた。その間も、あちこちで紛争やテロが起きるものだから、執筆が遅れてしまい、途中で編集者が長谷川浩氏に代わった。多くの編集者に御礼を言わなければならないというのは、著者として恥ずかしいことだが、この機会を与えてくれたことに心から御礼を申し上げたい。

本書は同時に、一橋大学での二四年にわたる教員生活の最後の本になった。一橋でのゼミは、私に常に新鮮な刺激を与えてくれた。ほぼ毎年行ってきたゼミのフィールド調査では、ヨーロッパやトルコで多くのムスリムと出会った。その出会いで、彼らが一生懸命私たちに話そうとしたこと、それが本書を書くうえで多くの示唆を与えてくれた。

とくに、中東における異なる宗教の共生の例として紹介したトルコのアンタキヤは、二〇〇八年一二月にゼミ生といっしょに訪れた場所である。中東の日常社会における宗教間の共生とはどんなものかを、このとき、あらためて知った。モスクとキリスト教会が隣り合っているこの町では、お互いの祭日に「おめでとう」と言葉を交わし、祝っていた。旧市街には、キリスト教初期の殉教者の名を冠したモスクもある。例を挙げればきりがないくらい、共生のために何が必要なのか、それを壊すものが何であるのかを学んだ。フィールド調査で対話をしてきた人たち、そして、現場で人と語り合うフィールド調査に、私自身を駆り立ててくれたゼミの学生たちに感謝したい。

内藤正典

二〇〇九年五月

図版制作／株式会社テラエンジン
なお、図版制作にあたり、『新イスラム事典』（平凡社）を参考にしました。

内藤正典（ないとう　まさのり）

一九五六年東京生まれ。七九年東京大学教養学部教養学科（科学史・科学哲学分科）卒業。ダマスカス大学、アンカラ大学で研究に従事。九七年から一橋大学大学院社会学研究科教授。ユネスコ人文・社会科学セクター科学諮問委員。専門はイスラーム圏と西欧の国際関係、多文化共生論。著書に『ヨーロッパとイスラーム』『激動のトルコ』『イスラーム戦争の時代』など多数。

イスラムの怒《いか》り

集英社新書〇四九三A

二〇〇九年五月二〇日　第一刷発行

著者……内藤《ないとう》正典《まさのり》

発行者……大谷和之

発行所……株式会社集英社

東京都千代田区一ツ橋二-五-一〇　郵便番号一〇一-八〇五〇

電話　〇三-三二三〇-六三九一（編集部）
〇三-三二三〇-六三九三（販売部）
〇三-三二三〇-六〇八〇（読者係）

装幀……原　研哉

印刷所……大日本印刷株式会社　凸版印刷株式会社

製本所……加藤製本株式会社

定価はカバーに表示してあります。

ISBN 978-4-08-720493-3 C0236

Printed in Japan

a pilot of wisdom